老干妈传

陶华碧的传奇人生

周锡冰 著

中华工商联合出版社

图书在版编目（CIP）数据

老干妈传 / 周锡冰著. -- 北京：中华工商联合出版社，2022.7

ISBN 978-7-5158-3450-4

Ⅰ.①老… Ⅱ.①周… Ⅲ.①陶华碧－传记 Ⅳ.①K825.38

中国版本图书馆CIP数据核字（2022）第096393号

老干妈传

作　　者：	周锡冰
出 品 人：	李　梁
责任编辑：	于建廷　付丽梅　王　欢
封面设计：	周　源
责任审读：	傅德华
责任印制：	迈致红
出版发行：	中华工商联合出版社有限责任公司
印　　刷：	北京毅峰迅捷印刷有限公司
版　　次：	2022年7月第1版
印　　次：	2022年7月第1次印刷
开　　本：	710mm×1000mm　1/16
字　　数：	240千字
印　　张：	16
书　　号：	ISBN 978-7-5158-3450-4
定　　价：	58.00元

服务热线：010-58301130-0（前台）

销售热线：010-58301132（发行部）
　　　　　　010-58302977（网店部）
　　　　　　010-58302837（馆配部、新媒体部）
　　　　　　010-58302813（团购部）

地址邮编：北京市西城区西环广场A座
　　　　　　19-20层，100044

http://www.chgslcbs.cn

投稿热线：010-58302907（总编室）

投稿邮箱：1621239583@qq.com

工商联版图书

版权所有　盗版必究

凡本社图书出现印装质量问题，请与印务部联系。

联系电话：010-58302915

自序

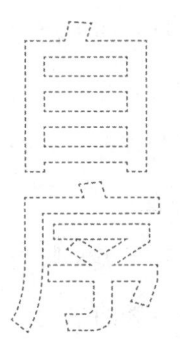

我写老干妈

接触老干妈源于一个偶然的机会。1998年,一个遵义同乡从贵州带了几瓶老干妈辣椒酱分享给在京的亲友们,香飘四溢的家乡香辣口感一下子征服了包括我在内的贵州人,从此我与老干妈辣椒酱结下了一段深深的情缘。

撰写本书同样源于一个偶然的机会。几年前,加拿大一家出版社约稿,邀约我撰写一本关于老干妈成功密码的标杆企业研究的书稿。在沟通中,出版方的要求是,书稿需要按照英文出版物的行文风格和字数控制来进行,比如字数必须控制在10万字以内。

我欣然地接受了这项具有挑战性的任务:第一,作为一名标杆企业的研究者,我一直在致力于向海外讲述中国企业的品牌故事,之前我已经成功地输出了华为和顺丰的企业案例研究,并且在海外取得较好的反响。华为在半年内出版了第一版和第二版英文版本,以及祖鲁语版本。顺丰的研究案例已经出版了英文版、汉英版本,越南版也将很快出版。第二,在中国经济崛起的过程中,柔性的软权力(*Soft power*)文化输出,比刚硬的硬权力(*Hard power*)输出更容易让西方人接受。标杆企业作为中国经济崛起的文化载体,不仅可以向西方展示中国创造的产品,同时也在构建中国创造(*Created in China*)的产品文化矩阵在全球市场上的影响力,真正地践行人类命运共同体的方略。第三，力图挖掘每个中国品牌故事背后的匠人基因，打破西方研究者在标杆企业领域的垄断研究地位，并且尽可能地提升在该领域研究的话语权，以一个全新的角度来展示一个真实的、鲜活的中国企业经营管理、品牌战略、产品研发，以及在全球市场的竞争等，助力中国企业国际化。

其后，几易其稿，终于如约完成。然而，新冠肺炎疫情打乱了英文版与简体中文版同期出版的计划。与此同时，对于习惯阅读大部头专著的中国读者来讲，10万字的内容显然有些单薄。

在编辑于老师的建议下，按照中国读者的阅读习惯，我由此增补了几万字的内容，同时还增加了附录，力图让读者在阅读本书时了解到一个不一样视角的老干妈。这就是本书英文版与简体中文版有所不同的原因，在此做一个简单的说明。

需要再提一下的是，加拿大出版社之所以邀约撰写老干妈这个标杆企业，更为重要的是，老干妈辣椒酱拥有较高的品牌知名度和美誉度，尤其是在华人华侨的社交圈子里。

对于外界，老干妈的神秘如下：

第一，"目不识丁"的老干妈创始人陶华碧，始终保持异常的低调，面对自己名字的三个汉字，不断地摇头说："这三个字，太难了，太复杂了，好打脑壳。"与此同时，陶华碧近乎不接受媒体采访，采访过她的媒体寥寥无几、屈指可数。其成功的秘诀是什么？

第二，老干妈的辣椒酱产品生产门槛看似不高，人人皆可入局，但是陶华碧却把一瓶价格只有几元钱的辣椒酱做成与贵州茅台酒齐名的快速消费品（FMCG，Fast Moving Consumer Goods）品牌，凭借极致的产品口感，硬生生地建立起一道让入局者难以越过的技术壁垒，由此被媒体誉为"辣椒酱帝国"金字塔尖上的女皇。其成功的逻辑在哪里？

第三，陶华碧创业维艰，稳步发展，坚持不打广告，"不贷款、不融资、不上市，不让别人入股，也不去参股、控股别人"，其产品却赢得中外消费者的青睐，远销世界，甚至是"有华人的地方就有老干妈"，最终成为辣椒酱行业冠军。其成功的经营战略到底是如何制定的？

第四，陶华碧不懂花哨的管理制度，不赊账，坚持一手交钱，一手交货的商业交易规则，即使是财务管理，也只有两笔最简单的账：进来多少，出去多少。其现货交易的经营思维瓶颈是如何突破的？

……

正是诸多神秘的成功密码，让媒体、研究者、商学院的教授们对老干妈辣椒酱帝国的研究趋之若鹜。作为研究者的一分子，我以企业家人类学的角度记录中国第一批民营企业家在改革开放大时代下创业的动机、时代背景、经营方略、品牌塑造，以及坚守匠人文化等诸多锚点，由此总结出他们成功的两个条件。

第一，社会因素。不可否认的是，没有改革开放，就没有中国的这一批民营企业家。究其原因，在1956—1978年期间，由于特殊国情，创业经商被视为"投机倒把"的一种行为是被明确禁止的。一旦发现，就要被"批斗"。

一般地，"批斗"是对不满意的人或事进行的，必须经过大家的允许，共同把错误的地方指出来，然后摆在台面上一起对这个人或事进行公开批评。在当时，被批斗的其中一项就是针对个体经营的"割资本主义尾巴"。这与改革开放后的中国社会热门词汇——"致富""发展""万元户"等相去甚远。

当改革开放的春雷响遍中华大地时，一个划时代的春天即将来临，对于第一代企业家的陶华碧来说，久旱逢甘霖般地吸吮着中国改革开放所给予的营养。

1978年5月11日，《光明日报》在其头版刊发了一篇名为《实践是检验真理的唯一标准》的文章。该文章的发表被誉为中国理论界炸响的一声"春雷"，引发了一场关于"真理标准问题"的大讨论。

该文指出，检验真理的标准只能是社会实践，理论与实践的统一是马克思主义的一个最基本的原则，任何理论都要不断接受实践的检验。

此后，一大批由教授、科学家、下海公职人员、下岗工人、农民等组成的企业家队伍登上中国商业历史的舞台，尽管时间已经过去40多年，但是在这样一个关键时刻，这批企业家敢于走向这个实现自己的舞台，不仅仅是洞察到时代的变化，更是需要莫大的勇气，尤其像老干妈创始人陶华碧这群人，更值得崇敬——他们既是这段商业历史的见证者，更是书写者。

经商政策的解冻，让诸多创业者看到了期望，但是此刻经商风险也很大。关于1978—2008年30年间的变化，财经作家吴晓波曾经写道：

尽管任何一段历史都有它不可替代的独特性，可是，1978—2008年的中国，却是最不可能重复的。在一个拥有近13亿人口的大国里，僵化的计划经济体制日渐瓦解了，一群小人物把中国变成了一个巨大的试验场，它在众目睽睽之下，以不可逆转的姿态向商业社会转轨。

在过去的20多年中，世景变迁的幅度之大往往让人恍若隔世。有很多事实在今天看来竟是如此的荒谬和不可思议，在1983年之前，政府明令不允许私人买汽车跑运输，一个今天已经消失的经济犯罪名词——"投机倒把"在当时是一个很严重的罪名。在江浙一带，你如果骑着自行车从这个村到另外一个村，而后座的筐里装了3只以上的鸡鸭，如被发现的话，就算是投机倒把，要被抓去批斗，甚至坐牢。在温州地区，我们还找到了一份这样的材料，一位妇人因为投机倒把而被判处死刑。到20世纪80年代末，买空卖空还是一个恶劣名词，茅盾在小说《子夜》里生动描写过的那些商人给人们留下了太过深刻的印象。到1992年前后，商业银行对私营企业的贷款还规定不得超过5万元，否则就算是"违纪"。[①]

在潮起潮落的创业中，创始人虽然担心政策风险对经营的影响，但是他们的精准判断和敢想敢干成为自己成功的注脚。

事实证明，在关键时刻，成功的企业家依旧能够洞察到时局的变化和各

---

① 吴晓波.激荡三十年：中国企业1978—2008年（上）.北京：中信出版社，2007：前言Ⅲ—Ⅲ.

种风险的边界。对此,《21世纪经济报道》以"您认为创始人和掌舵者的个人魅力在企业发展中有什么作用?"为提纲采访了福耀创始人曹德旺。

曹德旺直言,创始人起到的是灵魂作用。曹德旺说道:

我是福耀玻璃董事长,我总觉得企业成功必须有自信。

第一个是文化自信。要有信仰,要培养悲悯心、同情心、善心,信仰可以带来很多很多的知识和智慧;要有足够的从业经验;要有渊博的知识,无论是财务会计还是采购销售。

第二个是政治自信。所有人做什么都得讲政治,企业家的政治就是敬天爱人。敬天就是遵纪守法,遵章纳税;爱人就是爱员工、爱供应商、爱客户、爱股东,保护他们的利益,你做到了,人家会很尊重你。

第三个是行为自信。敢作敢当,敢于感恩,敢于挑战。

另外就是能力自信。能力要足够支持决策管理,就是老子讲的德要配位。能力还必须大过职务、职位,这样才会成功。我很不客气地讲,当然我具备这些条件。[①]

与其他创业者不同的是,虽然当时的环境遭遇诸多不确定性,但是曹德旺却坚信,既然高层制定改革开放政策,大的方向是不会变化的。曹德旺说道:"邓小平说要改革开放,改革开放总得有人先走,我不认为会发生你们所说的问题。"

曹德旺补充说道:"退一万步说,我们也没有把家里东西搬过来,就是出自己的力气,又没偷又没抢,那么紧张干什么。真到了那一天,是我们的就拿走,不是我们的还给他不就解决了?"

当我们回顾这段波澜壮阔的商业史时,虽然时间不算久远,但正是因为这些企业家的远见卓识,企业由此茁壮成长,有的已经成为参天大树,为中国经济的发展做出了巨大的贡献。

---

① 张望.福耀玻璃董事长曹德旺:分红是股东的利益[N].21世纪经济报道,2020-07-15.

伴随中国改革开放的深入，中国民营企业正在茁壮地成长，其规模也正在不断地扩大。2018年11月1日，中共中央总书记、国家主席习近平在民营企业座谈会上，充分肯定了民营经济的重要地位和作用：

40年来，我国民营经济从小到大、从弱到强，不断发展壮大。截至2017年底，我国民营企业数量超过2700万家，个体工商户超过6500万户，注册资本超过165万亿元。概括起来说，民营经济具有"五六七八九"的特征，即贡献了50%以上的税收，60%以上的国内生产总值，70%以上的技术创新成果，80%以上的城镇劳动就业，90%以上的企业数量。在世界500强企业中，我国民营企业由2010年的1家增加到2018年的28家。我国民营经济已经成为推动我国发展不可或缺的力量，成为创业就业的主要领域、技术创新的重要主体、国家税收的重要来源，为我国社会主义市场经济发展、政府职能转变、农村富余劳动力转移、国际市场开拓等发挥了重要作用。长期以来，广大民营企业家以敢为人先的创新意识、锲而不舍的奋斗精神，组织带领千百万劳动者奋发努力、艰苦创业、不断创新。我国经济发展能够创造中国奇迹，民营经济功不可没！①

第二，企业家因素。在这些为国家做出重大贡献的民营企业中，很多创始人书写了可歌可泣的创业故事：有的创业者为了养家糊口毅然决然地选择创业；有的创业者因为遭遇自己跃升的"天花板"，无法突破而为了梦想选择创业；有的创业者为了改变自己的生活，无意间挖掘出巨大的蓝海市场……陶华碧就属于前者。

当我们研究老干妈时发现，闪耀的光芒背后，却是异于常人的辛酸——丈夫的病逝，陶华碧不得不肩负养家的重任。尤其是在20世纪80年代，物资极度匮乏、人均GDP名列全国倒数的贵州（见表0-1），一个没有工作的、随夫进城的女人，要独自养活两个儿子，确实是一件很艰难的事情。

---

① 习近平.在民营企业座谈会上的讲话：国务院公报2018年第32号，2018-11-01.

表 0-1　1981年—1990年贵州省历年GDP、人均GDP位次[①]

1981年—1990年贵州省历年GDP主要指标（基于现价；GDP/百万元；人均/元；比重、增长率（%）各年份（人民币）购买力平价基于IMF-WEO（2013年4月16日更新数据）数据推算

年份	GDP总量（百万元）									人均GDP				
	本币	名义增长率（基于本币）	美元	名义增长率（基于美元）	购买力平价	名义增长率（购买力平价）	实际增长率	占全国比重	位次	本币	名义增长率（基于本币）	美元	购买力平价	实际增长率	占全国人均比重	位次
1990	26014	10.3	5439	-13.2	12685	8.3	4.3	1.39	25	810	8.0	169	395	2.1	49	30
1989	23584	11.4	6264	10.1	11715	6.5	4.5	1.39	24	750	9.8	199	373	3.1	49	30
1988	21179	28.0	5690	28.0	11000	18.1	8.6	1.41	24	683	25.1	183	355	6.2	50	30
1987	16550	18.6	4446	10.0	9314	16.0	10.8	1.37	24	546	16.9	147	307	9.3	49	29
1986	13957	12.6	4042	-4.2	8027	9.9	5.6	1.36	25	467	11.2	135	269	4.3	48	29
1985	12392	14.5	4220	-9.3	7304	7.0	7.9	1.37	24	420	13.2	143	248	6.7	49	29
1984	10827	23.9	4653	5.2	6826	22.5	19.8	1.50	24	371	22.8	159	234	18.6	53	29
1983	8738	10.1	4423	5.4	5572	13.3	12.6	1.47	25	302	8.6	153	193	11.2	52	29
1982	7939	16.9	4195	5.4	4919	24.4	15.8	1.49	24	278	14.9	147	172	13.8	53	29
1981	6789	12.7	3982	-1.0	3954	20.5	6.5	1.39	25	242	10.5	142	141	4.7	49	29

① 百度文库.贵州历年GDP数据[EB/OL]，2011-08-17. https://wenku.baidu.com/view/1c17250103d8ce2f00662334.html.

1989年，丈夫病故后，陶华碧最早开始售卖米豆腐维持生计。在这个营生中，陶华碧自己磨米豆腐浆，随后通过多道工序做成米豆腐，最后才背着50千克重的米豆腐去目的地售卖，甚至在搭公交车时被售票人员撵下车。

在接受凤凰网记者陈芳采访时，陶华碧回忆说道："**售票员态度非常恶劣，几下就给你推下去。当时1毛5分的车票，我给3毛钱，她还不让我坐。我说不行也得行，今天非要坐。天天吵架。**"①

要强的性格促使陶华碧独自面对困难。当陈芳问陶华碧"您很要强"时，陶华碧的回答非常实在，没有官腔和应付："**我（要）不强，我们生活都无来源。女人只要有事业心，哪都能撑下去。**"②

就这样，陶华碧被动地开始自己的创业人生。在陶华碧的故事中，苦难总是与之相伴，正如孟子所言："舜发于畎亩之中，傅说举于版筑之间，胶鬲举于鱼盐之中，管夷吾举于士，孙叔敖举于海，百里奚举于市。故天将降大任于是人也，必先苦其心志，劳其筋骨，饿其体肤，空乏其身，行拂乱其所为，所以动心忍性，曾益其所不能。"

对于陶华碧来说，家庭的变故是极其不幸的，但是却意外地发挥出自己巨大的经营才能，这样的时代给予陶华碧一个"天高任鸟飞，海阔凭鱼跃"的舞台。犹如英国作家查尔斯·狄更斯（Charles John Huffam Dickens）在《双城记》（A Tale of Two Cities）中所言："这是一个最好的时代，也是一个最坏的时代；这是明智的时代，这是愚昧的时代；这是信任的纪元，这是怀疑的纪元；这是光明的季节，这是黑暗的季节；这是希望的春日，这是失望的冬日；我们面前应有尽有，我们面前一无所有；我们都将直上天堂，我们都将直下地狱……"

当时代与境遇结合在一起时，英雄改变社会的篇章由此开启。在创业这

---

① 陈芳.独家对话老干妈：我不坚强，就没得饭吃［EB/OL］，2013-06-06. https://news.ifeng.com/exclusive/elite/special/laoganma/.

② 陈芳.独家对话老干妈：我不坚强，就没得饭吃［EB/OL］，2013-06-06. https://news.ifeng.com/exclusive/elite/special/laoganma/.

条路上，陶华碧通过自己的双手，精心研制辣椒酱，凡事亲力亲为。正是寻求生存萌生创业想法，让老干妈辣椒酱越走越远，在不经意中撬开了一个巨大的辣椒酱市场。

其后，在陶华碧的经营和管理下，老干妈辣椒酱开始走出贵州，南下广东，北上北京等地，甚至走出国门，成为华人必备的调味品和对家乡的精神寄托。

海量的市场给了老干妈提升品牌价值的空间。2018年5月，据2018中国品牌价值评价信息发布暨第二届中国品牌发展论坛的数据显示，贵阳南明老干妈食品有限公司品牌价值高达121.48亿元。据世界品牌实验室发布的2020年《中国500最具价值品牌》分析报告显示，老干妈以162.75亿元的品牌价值，位居排行榜第352位。

这样的数据向人们展示了老干妈含金量的冰山一角，品牌价值的背后，却是老干妈创始人陶华碧的经营智慧和对极致产品的不懈追求，以及对多元化诱惑和资本运作的抵制。

对于资本运作，陶华碧直言："一上市，就可能倾家荡产。上市那是欺骗人家的钱，有钱你就拿，把钱圈了，喊他来入股，到时候把钱吸走了，我来还债，我才不干呢。"①

据了解，陶华碧曾多次拒绝地方政府的上市提议。贵阳市政府的官员曾在接受采访时表示，"和她谈融资的事情比引进外资还要难，她心里拿不准的事谁也说不动。"

据老干妈内部人士回忆，这些年来受到陶华碧接待的投资机构只有两家，这两家机构都是先赴当地，然后直接由政府部门的人引荐，但老干妈均回绝了其洽谈的要求。

陶华碧拒绝的理由是，"有多大本事做多大的事……我做本行，不跨行，

---

① 陈芳.独家对话老干妈：我不坚强，就没得饭吃［EB/OL］，2013-06-06. https://news.ifeng.com/exclusive/elite/special/laoganma/.

就实实在在把它做好做大、做专做精。钱再来得快，也不能贪多。"①

正是因为如此，老干妈的产品品质才能保证数十年如一日的稳定。在关注老干妈的过程中，很多辣椒酱企业如雨后春笋般创建，又如彩虹般转瞬即逝。可见，创业并不是人人都能成功的。在"大众创新、万众创业"的时代，撰写陶华碧的创业故事，旨在挖掘陶华碧创业的成功基因，这无疑比当年互联网+时代里任何一个一夜暴富的创业传奇更具参考价值。

在创业过程中，失败率是很高的。据统计资料显示，目前中国的中小企业平均寿命是2.9年。

在喧嚣的创业大潮中，有的创业者还没注册公司就想到要大举融资；有的创业者刚研发出产品，就号称做中国的"沃尔玛"；有的创业者为了节省成本，完全漠视瑕疵原材料进入生产流程；有的创业者口口声称要弘扬"工匠精神"，却常常偷工减料，使得产品良品率低下……然而，陶华碧却为了原材料敢得罪自己的亲人，宁愿让机器停下来，也不让瑕疵原材料进入生产流程，因为陶华碧懂得，不管在创业时期，还是在规模阶段，利用有限的资源，把品质做到极致，在工艺上做到精益求精，在定价上做到"真不二价"，在扩张上做到稳健，在口碑上做到货真价实，在推广上做到"零广告"……

面对百花齐放的辣酱品牌，尤其是深耕和打辣酱擦边球的数十个品牌，例如，海天、李锦记、户户、辣妹子、饭扫光、川南、饭爷、丹爷等品牌，在品类上，更是有剁椒、桂林辣椒酱、湖南辣椒酱、灯笼椒、蒜蓉辣椒酱等。老干妈之所以能够独占鳌头，一个重要的原因就是建立技术壁垒，同时提供极致的产品和数十年稳定的品质。

越是看似简单的事情，却越是让很多创业者和企业家为难，不是他们真的无法复制，也不是他们真学不会陶华碧的经营智慧和朴素的管理模式，而

---

① 陈芳.独家对话老干妈：我不坚强，就没得饭吃［EB/OL］，2013-06-06. https://news.ifeng.com/exclusive/elite/special/laoganma/.

是镀金时代的创业者过于浮躁，总是把自己桎梏在融资、上市，以及过分强调广告的思维范式里。

鉴于此，如果创业者做不到陶华碧的专注和极致的产品时，那就请回想一个中年妇女用背篓背负着重达50千克的米豆腐和各种调味料被售票员赶下车时的情景，如果这样的创业维艰的故事依旧无法让创业者做到以客户为中心，做不出极致的产品时，那么我建议这样的创业者，千万别创业，因为创业不仅需要匠心般的执着，同时也需要屡战屡败的勇气。

陶华碧坦言："我打下的江山，我就把它做好，做专做精，我自己有多大能力就做多少事情。凭自己真本事做些事情，这样活得才有意义。不要想赚便宜钱，只要留得青山在，你还怕没得柴烧嘛。好生生去做，自己打下一片天，我觉得才是真本事，才有意义。人的一生当中，遇到困难的时候很多，但是我不怕。"①

从1994年开始，陶华碧一步一个脚印，将老干妈打造成为一个香辣传奇——1994年，陶华碧创建贵阳南明实惠饭店。1994年11月，陶华碧将其更名为贵阳南明陶氏风味食品店，同时推出了以"老干妈"为商品名称的风味食品，其中以"老干妈"风味豆豉倍受消费者欢迎，购买者络绎不绝。1997年5月，陶华碧将贵阳南明陶氏风味食品店更名为贵阳南明陶氏风味食品厂。1997年11月，陶华碧将贵阳南明陶氏风味食品厂更名为贵阳南明老干妈风味食品有限责任公司。1998年，老干妈的销售额达到4548万元，缴税329万元。1999年，老干妈的销售额达到1.07亿元，缴税近1500万元。2000年，老干妈的销售额达到1.315亿元，缴税2400万元。②其后老干妈的销售收入芝麻开花节节高——2014年营收突破40亿元。2016年营收达到45.49亿元。2019年

---

① 陈芳.独家对话老干妈：我不坚强，就没得饭吃［EB/OL］，2013-06-06. https://news.ifeng.com/exclusive/elite/special/laoganma/.

② 北京市高级人民法院.贵州南明老干妈风味食品公司诉湖南华越食品公司不正当竞争案判决书，2001-03-20.

营收突破50亿元。2020年再创历史新高，超过54亿元。2021年2月，贵阳南明老干妈风味食品有限责任公司公布的2020年业绩显示，全年完成销售收入54.0009亿元，比2019年多增超3亿元，同比增长7%。

可以说，走近老干妈，就是走近一段创业传奇。从街边小摊到销售额突破54亿元的民营企业，从传统"小作坊"到享誉国内外的中国知名品牌，陶华碧的传奇经历和老干妈公司的成功嬗变，演绎出中国民营企业40多年来发轫、起伏、壮大的成长历程，谱写了一个民营企业思变图强的传奇神话。

新浪网在"伟大的历程——献礼改革开放40周年"活动中评价说道："2018年是中国改革开放的第四十个年头。改革开放以来，中国经济以每年9.6%的平均速度飞速发展，中国创造了举世瞩目的发展奇迹，亿万中国人的生活发生了翻天覆地的变化。四十年风雨征程，有多少艰辛的探索、伟大的创造，有多少可歌可泣、荡气回肠的故事。"[1]

陶华碧之所以能够谱写这个传奇神话，与其自身的经历和经营策略分不开。在本书中，除了介绍陶华碧的人生经历之外，我还浓墨重彩地剖析了她的经营管理策略。

可以肯定地说，陶华碧这些经营策略，并无过多的概念和花样。本书从多个角度剖析了老干妈的长赢基因——诚信经营、匠人精神、家文化、顾客至上，做本行、不跨行，以及"不贷款、不融资、不上市"的长远目光等。

选择这些基因来分析，是因为很多中国企业家受到儒学文化的熏陶，家文化会影响很多中国企业家的做人和经商，力求探索家文化在家族企业经营中所发挥的作用，以更好地指导新的中国家族企业的经营和发展。我虽然关注和探究家族企业20余年，但是家族企业研究仍旧是一门没有终点的学问，我只是在研究中总结了一些心得。由于水平有限，欢迎读者批评斧正。

---

[1] 新浪网.伟大的历程——献礼改革开放40周年. http://finance.sina.com.cn/zt_d/weidadelicheng/

推荐序

不上市、不贷款、不融资，国民老干妈为何如此任性

《时代周报》记者　李夸言

有井水处有柳词，有华人处有"老干妈"。

在中国一众民营企业家中，"老干妈"创始人陶华碧既不算最成功，也并非最出名，但要论口碑，这位"老干妈"可说收获无数。陶华碧，被网友奉为"国民最热辣女神"，海外留学生更戏谑式地尊她为"亲妈"。

陶华碧出身贫苦，几乎没有正经地上过一天学。1997年，她创办了贵阳南明老干妈风味食品有限责任公司，经过多年的发展和经营，这家公司一步步从小作坊变成了中国知名品牌。2014年，老干妈入选"中国最有价值品牌500强"榜单，以160.59亿元的品牌价值名列第151位。同年，老干妈集团获得政府奖励的"A8888"车牌，原因则是其创下了3年缴税18亿元、产值68亿元的成绩，直接间接带动了800万农民致富……

陶华碧亦是个人特色异常鲜明的女性企业家，以不变应万变是她信奉的人生信条。

多年来，陶华碧一直坚持"不贷款、不融资、不上市，不让别人入股，也不去参股、控股别人"，更提出"上市圈钱论"，认为"上市是欺骗人家的钱"，并为此多次拒绝了地方政府的上市提议。老干妈的股东结构也异常简单：只有陶华碧和两个儿子。大儿子持有49%股份，主管市场；小儿子持有51%股份，主管生产（陶华碧本人把仅占1%股份转让给小儿子）。

一、老干妈为何不上市不融资　专家：陶华碧有"土办法"

1947年出生的陶华碧，年事渐高后，"老干妈"是否还会固守多年的"不变"特色？而面对传说中的物联网时代，老干妈的作坊式生产模式到底还能独步多久？

"第七届中国年度EMBA案例奖"评审专家周锡冰，将陶华碧的传奇经历和老干妈公司的成功嬗变，写进了《老干妈传》一书。他认为老干妈的成长，同时也是"中国民营企业40多年来发轫、起伏、壮大的成长历程"。

周锡冰长期研究中外标杆企业尤其是家族企业，关注对象包括格力、联想、海尔、国美、娃哈哈等企业。写陶华碧，源于他对老干妈的持续关注。1998年，一位来自遵义的同乡将一瓶老干妈辣椒酱从贵州带到北京，送给周锡冰。周锡冰认为这种辣椒酱"口感香辣，具有典型的黔北风味"，并就此进入老干妈的世界。

从2001年打算写作，到《老干妈传》全书完成，周锡冰修改多次，时间跨度长达20年。在书里，除了浓墨重彩地介绍陶华碧的人生经历之外，周锡冰重点剖析、总结了陶华碧的经营管理策略，匠人精神、极致的用户体验、坚守品质、注重口碑等，这些都被周锡冰认为是老干妈的成功法宝。

"作为中国的传奇式人物，陶华碧的传奇不在于她的创业有多么艰难和轰轰烈烈，而在于：她用较为原始的管理思想，以遵义一个较为普遍的糍粑辣椒的做法，创造了目前年销售额突破 50 亿元的业绩。"周锡冰总结。

二、老干妈模式可复制

记者：与晋商、徽商、浙商等几大商帮相比，黔商有什么样的特点？陶华碧是不是典型的黔商？

周锡冰：与晋商、徽商、浙商等几大商帮相比，黔商的特点是更加稳健，同时更加低调，更加专注，更加注重产品的品质。陶华碧就是典型的黔商。在我敬佩的企业家中，黔商有两位，一位是陶华碧，一位是华为创始人任正非。

记者："老干妈"的模式具有可复制性吗？"老干妈"始终坚持不上市，你如何评价这一行为？有评论认为，"老干妈"不上市的初衷不值得推崇，因为"对于企业自身而言，能够利用资本市场这个平台把企业做得更大、做得更强，这其实也是一种责任"。

周锡冰：可以肯定地说，老干妈的经营模式是具有可复制性的。比如，陶华碧坚持"不贷款、不融资、不上市、不让别人入股，也不去参股、控股别人"，这样的战略逻辑自有其理论根据。

我并不反对企业特别是家族企业上市，不过，上市与否必须根据企业本身的需要。其实，在许多场合下，我对家族企业上市持谨慎态度甚至是反对意见。

家族企业上市后，人们往往会对上市公司尤其是那些高成长型企业上市都有较高的成长预期。很多家族企业不愿意上市，其中一个理由就是不愿意接受上市公司严格的信息披露制度。一旦上市，就必须公开企业的信息，即使某些商业秘密也不例外，这对上市公司而言是巨大的挑战。

一般来说，家族企业上市后，对社会的直接影响以及自身社会形象都具有"放大"效应,一旦遭遇危机,股票市值有可能大幅度缩水。家族企业上市,也同时意味着家族企业创始人的股权被稀释了,家族企业的经营战略或者是某些经营决策会被更多人控制,甚至有时候,家族企业控股权都有可能旁落他人,过去家族企业创始人的独享利润将被极大地"摊薄"。

在欧美国家,许多优秀的家族企业或私营企业,往往对上市十分保守、谨慎。然而,反观中国家族企业,上市的热情在冲动中从未减弱过。可以通过逆向的角度来看中国家族企业偏爱上市的原因,有时候,往往是财务越糟糕的家族企业,上市的动机越强烈。

三、"土办法"更加人性

记者: 您常年研究家族企业,总体而言,中外家族企业有什么不同特点?怎么评价中国"家文化"在家族企业中的作用?

周锡冰: 中外家族企业特别是欧美的规模家族企业中,由于历史和文化的原因,往往倾向于职业经理人的管理模式,而中国规模家族企业更倾向于从内部培养和提拔,不太喜欢空降型的职业经理人。

在1949年以前,不管是晋商、徽商、浙商,还是闽商、黔商,这样的用人制度尤其明显。我写过一本《日本百年企业的长赢基因》,谈到过这个问题。在日本的商业历史中,有些做法跟中国古代的商业有些类似:无论是丁稚、手代,还是番头,商家都会对他们进行培养和教育。

这样的人才培养,不仅具有较强的归属感,也有很强的自律性。很多家族企业往往实行终身雇佣制和年功序列制度,这样培养的掌柜忠诚度之高,是非家族企业无法拥有的。

在亚洲家族企业特别是东亚家族企业中,中国的儒学文化是主要的支撑点之一。尽管日韩对中国儒学文化的"家文化"做了改良,但是中国儒学基础之上的"家文化"传统没有改变,这样的基因,往往使家族企业的经营更加具有责任感和使命感。

当然,在实际的管理中,"家文化"有其更加符合中国文化的管理模式,我在多个大学的总裁班上讲过,中国的家族企业管理模式是世界上最好的管理模式之一,它更加人性。而所谓的人性,就是西方目前所倡导的情感化管理。

记者:据说老干妈对员工一律包吃包住,员工结婚必当证婚人,所有从老干妈离职的人,如果在外面受委屈了,都可重新回来上班。你如何评价这种较为原始的企业管理文化?有人说,"亚洲的家族企业,富不过三代",你认同吗?

周锡冰:陶华碧没有文化,不懂得现代企业制度化管理,也不懂得如何与银行打交道以取得贷款,但是这些问题对于陶华碧来说,压根不是问题,陶华碧始终能用自己的"土办法"解决所有问题。比如你说的这种,对公司的内部管理,陶华碧打的是亲情牌。在陶华碧看来,企业老板和员工之间都是平等的,是讲感情的。"靠心算管财,靠亲情管人",尽管这样的管理方法较为原始,却也收到了卓越的成效。

至于"亚洲的家族企业,富不过三代"这样的观点,我不认同。任何一个组织都面临一个自然淘汰的过程,家族企业也面临同样的问题。不能因为风口上的几个家族企业因为"争产"倒闭就否定家族企业的传承模式,这只是企业个案。经历了这样的大浪淘沙后,百年老店就沉积下来了。

四、塑造辣椒酱行业的门槛

记者:"老干妈"能做到今天的规模,你认为最关键的原因是什么?

周锡冰:老干妈之所以能够做到今天的规模,离不开陶华碧稳健的扩展战略——专注、精益求精的匠人思维，诚信，不偷税漏税，重视实业不投机，这就是陶华碧的极致品质思维。

在老干妈的规模扩张中，一向坚持稳健发展，绝不冒进。深知创业成功来之不易的陶华碧在选择发展路径时，自然要慎重很多。陶华碧的每一次扩张规模，绝不盲目冒进，尽可能做到稳中求胜。对民营企业家来说，企业上新项目容易，但是新项目上马后的"避险"就非常艰难了，稍有不慎，就可能埋下种种的风险，致使企业陷入进退两难的泥潭。遗憾的是，很多民营企业创始人在取得一点成绩之后就开始"大干起来"。

"老干妈"能够做到今天的规模，极致的品质也是一个重要原因。许许多多的竞争对手并不是被"老干妈"打败的，是被自己打败的。陶华碧用过硬的产品品质，活生生地在没有门槛的辣椒酱行业，造出了一个门槛。

记者：老干妈与董明珠是同时代的商场女强人，你如何评价这二位？

周锡冰：董明珠、陶华碧，她们有一个共同的特点就是：在丈夫去世后不得不肩挑重担。在公开场合，董明珠坦言："如果不是这件事，我不会走现在这条路。如果他在，也不会同意我来珠海。"陶华碧的情况跟董明珠类似，她们成为女企业家的最大的转折点，都是因为丈夫的去世。经历过这样的人生节点，我想，这大约也是日后陶华碧在经营"老干妈"时，一直采取稳健策略的原因。

推荐序二

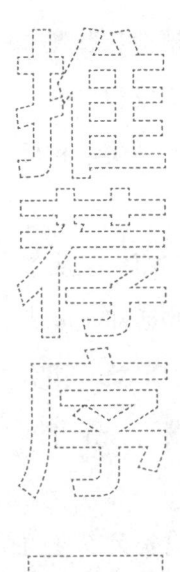

一瓶老干妈里的匠人精神

方塘书社特约书评人　叶然

据国家统计局公布的数据，2016年中国第一季度GDP同比增长了6.7%，在这种积极数据下，国家以及企业面对的库存压力、去产能难等问题，却也一直成了国家在实施供给侧改革过程中最为关注的点。但在关注产能过剩以及如何去产能时，却也让人深思造成这类现象其背后的东西——产品质量的问题。

优质的产品背后承载的，是生产者在制造产品时所应有的一种精神——匠人精神。这在当下的社会中，却成了难能可贵的品质。

产品因大量积压，久而久之，企业一度出现倒闭的危机。究其原因，除了时运不济以外，人们往往想到的是，宣传力度不够，却鲜有人从根本上——产品质量，来探究造成这类问题的原因。从对立层面上来说，这也关乎一家企业或一家店铺能否长久不衰。

人们总是会忘记，研发产品的用意，也健忘于用什么样的精神与态度来制造产品。所以有时，一件产品，一个品牌，总是会败在产品质量和行事态度上。从过去的三鹿到今天的各种产品质量问题，都不难证明产品质量和行事态度的重要性。

在产品上严肃从事，从来都关乎普通老百姓的生活和身体健康，也从来都关乎一家企业的生死存亡，进而影响国家的经济发展。而这些话却一度成了人们嘴中的口号，行为上的漏风之墙。所以，重塑产品本身的形象，其实已经迫在眉睫，因为它与客户的极致体验息息相关：在生活之美上，在身体健康上。

对于这些问题的解决，我想，一本探究关于老干妈企业何以长久不衰的书——《老干妈传》，或可以拿来借鉴。

这里需要提出的是，就书本身而言，以此来探究老干妈和创始人——陶华碧更是一本值得捧读的读本。在他对老干妈的创始人以及她的企业写作的过程中，无不透露出四个字：匠人精神。

一、食物之美

陶华碧出生在贵州遵义市湄潭县永兴镇的一个普通家庭里。贵州地处云贵高原，因为特殊的地理环境，这里的人们广泛种植辣椒。尤其是遵义，如今已成为辣椒产业的最重要根据地之一，而且，辣椒的存在也构成了一条具有极大价值的产业链条的源头。老干妈的起步，便是从这里开始。

老干妈的起步，始于陶华碧的一段经历。从未进过学校的陶华碧，成年后与到当地探矿的会计结婚，像很多人一样，陶华碧开始了自己不一样的人生之路。但人生总是充满无尽的变数，丈夫逝于一场疾病。为了生计，陶华碧做起了路边摊式的小生意——卖米豆腐。在这个过程中，老干妈辣椒酱的雏形孕育而生。

辣椒酱作为调味剂被用在米豆腐上。久而久之，一个很有意思的现象是，米豆腐并没有卖出什么名堂，反而是作为调味剂的辣椒酱，被前来光顾的顾客买个没完没了。所以，在后来的种种复杂因素中，她放弃米豆腐生意，开始了老干妈的创业之路。

在老干妈辣椒酱的制作过程中，陶华碧的行为却少有人能抵。创业的开始，产品本身是核心。而她也总是在走这样一条追求极致产品的路。她亲自挑选辣椒，然后架上刀，将其切成原材料。每一个制作环节，她都亲力亲为，精益求精。在她眼里，生产者本身的行事态度，就是食物的质量能够达到何种程度的判断标准：味觉体验、原材料的挑选态度……

在很大程度上，辣椒酱成为人与人之间用来传送情感的介质：陶华碧与食客之间，以及食客自身的一种感情寄托。

孤独的夜，如若遇上肚皮的饥饿，这时是最需要一份"调味剂"来安抚失魂落魄的身体的。恰逢其时，它解了人在黑夜里所有的孤独，又解了饥饿，而久违了的幸福感却是在这种满足中获得。

生活是最需要幸福指数来评判的。而选择什么样的"调味剂"，却极有可能成为人们拿来对抗生活压力的武器。而这，却也成了食物作为介质所有的一种功能。

而后，产品供不应求，不得不扩大企业规模，但规模的扩大，却并没有改变生产辣椒酱的方式。手工还在继续，唯一改变的是因为产量的加大，改用半自动的加工方式。但对辣椒的使用，却始终保持初衷。

如果，造就一家企业规模不断扩大的是客户源源不断的需求，那么，能扩大到何种程度便是企业背后那个最核心的人。她关乎企业的形象塑造，企业的发展方向，以及企业的管理模式、产品制造。

提起生产者，备受关注的就是企业老板。所以，老板的职责不是沽名钓誉，也不是过分地追求喜好，更不是追求腰缠万贯，而是如何定位企业方向、产品的制作，进而保证产品的品质始终如一。

如果产品之美，更多的是表现在味觉和视觉上，那么，达成这样的效果背后，是对生产者的考量。由此，生产产品时所需的匠人精神从来都不是一样简单而俗套的东西，更多的是身为制造者所有的责任和态度：耐得住寂寞才能守正出奇。而这也是当下众多企业和企业家最值得思考的问题所在。

在让自己成为企业明星之前，先让产品的品质成为人们口中津津乐道之物。而这种希冀的实现，也正是匠人精神的体现。

二、质朴之美

一件产品之所以用质朴来总结它，更多的是因为，它能够得到更多人的使用，服务于更多需要它的人，从而带来味觉、视觉、精神上的抚慰和满足。而这种感受，却是需要食物本身的质朴来传送。

如果食物之美更多地表现在了生产者与食客，以及食客自身于生活中情感的寄托，那么，食物或产品的质朴，便更多地以介质的方式表达了人在生活中所享有的生活方式的美感。生活本身就是美的，而这种以质朴为介质来寄托的美，便给了人另一种感受。

上学时，我床头的桌子上，总是会放数个里面装满各种味道的辣椒酱瓶子。而吃的最多的是老干妈。原因是，它不贵，我能买得起；它在我饥饿的时候，救了急；它的味道很特别，让人产生了习惯……

在这个食物遍地开花的时代中，一个与众不同，又能让人接受的产品，顾客对它的依赖是与日俱增的。犹如，许久没有吃过老家的野菜，时间久了，总是会记起它，从而也就记起了故乡。所以，或许质朴最厉害之处就是让人对它产生了情感，从而对生活充满一种幸福感，获得精神上的寄托。

而说起质朴，我不由想起一个让人津津乐道的品牌——无印良品。无印良品的价格在业界内算是出了名的昂贵，然而进店挑选产品的顾客却总是络绎不绝。那么是什么让它如此受欢迎？

就在撰写这篇推荐序的两天前，我与我的一位友人聊起穿衣、护肤的问题。在谈及购物之前是选择华丽、舒适，还是会因为某一种情感而选择的问题时，我们把结果一致地落在了前者。当然，兼而有之更好不过。

在我们聊天的过程中，她口中不停地冒出无印良品。人是矛盾的结合体，当穿在身上的衣服足够华丽时，便开始追求它的本质。唯有给人的身体和灵魂带来安全感和舒适感，以及有了情感寄托时，才能触发人长久使用它的欲望。

根据她的叙述，当她决定进店买衣服之前，因为舒适感能够带给人精神上的愉悦，她会把大部分注意力集中在衣服本身，她看布料的成分，体味穿上之后的那种感受，纵使是站在镜子面前不停地看衣服的款式。

而这也成为她总是不由自主地提及无印良品的原因。从另一个角度来说，这样的行为，给无印良品带来了免费而又可靠的宣传推广、营销的机会。人们从来不会轻易相信画面，却总是能轻而易举地相信产品带给人的体验和感受，也就是极致的客户体验。所以，质朴的美，并不是表现在华丽，而是产品的实用性、情感寄托甚至产品背后的生产者。

与其追着顾客跑，不如让顾客追着产品跑。因为，一件不能给人的生活带来舒服和幸福感的产品，是不会有回头客的。这对一味追求知名度而将产品的品质问题抛掷脑后的企业来说，不论是无印良品、老干妈，还是有着同样视产品为生命的品牌，都是一种警醒。

三、企业的创新与坚守

当然，时代在进步，科技也在不断地更新，尤其是面对当下的互联网热，企业也在不断地变化。为了更好地适应时代，企业的创新也变得尤其重要。但是，值得注意的是，在这个创新的过程中，该将创新的点放在哪里？如何创新？尤其是一些传统的企业，更需要深入地思考。

在这些问题面前，我想，比较有发言权的便是有着几十年发展史的老干妈这家企业了。从创业到今天的几十年中，为了满足客户需求，适应市场发展规律，老干妈不断寻求突破，在加工方式和销售渠道上都做了大量的改进和创新，然而，最值得注意的是，它的包装和辣椒酱的味道却在这错综复杂的环境中始终坚守，不曾改变。

对于这家企业来说，难能可贵的是，辣椒酱从未发生过食品安全问题，质量也从未引起过怀疑。不论是在味觉上，还是在精神追求上，老干妈时刻在扮演着难得的介质的角色。它让顾客对生产者产生了信赖感，而这种信赖感也给企业在创新方面带来了勇气——在产品的品质从未改变的前提下。

在创新的同时，对产品本身包括它的味道不做改变，我想这对老干妈来说，是企业长盛不衰最重要的原因之一。而能够做到产品品质不变，在坚守的背后有着一种精神支撑——匠人精神，同时，这个精神却是最能考验人是否因为欲望过剩而改变初心的标准。

另外，说起初心，对于一家企业来说，它的意义更在于是否能够保持产品质量始终如一。因为，在这花花世界里，人是最容易走捷径的：偷工减料、过分地抬高价位、产品为人所用的定位紊乱、产品与客户以及生产者与客户在复杂环境中逐渐失去信任……

所以，不论是正处于转型中的企业，还是想要转型的企业，以及在"大众创业、万众创新"的倡导下想要创业的人，都应该把产品品质和产品定位放在首位。在创新中坚守产品的本质，这对很多企业来说实属难事，却也是众多企业值得聚焦的事情。

说起匠人精神，《奢侈：爱马仕总裁回忆录》中有这样的一段话："他们是风一般自由、不畏艰辛的人。他们神秘、难以把握，因为他们知道自己要做什么而十分骄傲，因为不断突破自我而十分谦卑……他们傲慢、无视传统，又总是出人意料。简而言之，他们看上去处于边缘，其实，他们才是真正位于奢侈的核心。"

这段内容虽然意在说爱马仕品牌的奢侈、产品昂贵以及生产者们的个性所在，但在其背后，却更多地强调了一种难得的匠人精神，曾经很多人一度将爱马仕的生产者视作匠人一族，不是因为他们产品的价格高昂不可触及，而是对产品的关注。

由此，企业长久不衰，除去浮华的外在，便是产品了，而产品的背后承载的是一种匠人般的生产精神。

· 目录 ·

自序　我写老干妈 // 001

第一部分

起步：为辣椒酱而生 // 001

第1章　燃情岁月 // 003
大山的馈赠 // 004
异邦的礼物 // 007
扎根贵阳 // 011

第2章　天降灾祸 // 016
自带饭碗 // 016
从摊到店 // 018

第3章　艰难开局 // 021
有尊严地活着 // 021
愿景初显 // 023

第二部分

探索：成功没有偶然 // 027

第4章　产品口味始终如一 // 029
从不在原材料上"节流" // 030
通过流程管理监控合格原料供应 // 031

第5章　专注产品品质 // 033
过硬的产品品质 // 034

I

销毁全部漏油产品 // 037

第三部分　成长：工艺改进必须以顾客口感为基础 // 047

第6章　引领行业标准 // 049
提供极致的口感体验 // 050
一流的企业做标准 // 052

第7章　产品改良 // 059
应需而变，改进生产工艺 // 059
技术改造与创新 // 069

第四部分　突破：创建民族品牌，立千秋大业 // 077

第8章　创建民族品牌 // 079
上榜《中国500最具价值品牌》榜单 // 080
潮牌"老干妈" // 082

第9章　重金维权 // 086
维权榜样 // 086
阻击山寨 // 091

第五部分　占位：占领消费者心智，占位最有利价格区域 // 103

第10章　占领消费者心智 // 105
择善固执 // 105

不在广告上花一分钱 // 108
口碑营销比广告更为直接和有效 // 110

第11章　占位最有利价格区域 // 113
另辟蹊径 // 113
筑起行业壁垒 // 115

第六部分　专注：绝不冒进，筑起稳健防火墙 // 117

第12章　现款现货 // 119
没有应收账款和应付账款 // 119
充足的现金流 // 121

第13章　筑起稳健防火墙 // 123
贴息贷款也不贷 // 123
保持稳健的财务扩张战略 // 125
稳健扩张 // 127

第14章　专注本行 // 130
把一个行业做精 // 130
把精力专注在辣椒酱一件事上 // 135

第七部分　客户至上：宁可人人负我，我决不负客户 // 141

第15章　维护"合作者的利益" // 143
决不辜负客户的信任 // 143
兑现商业承诺 // 146

第16章　照章纳税 // 148
不偷一分税钱 // 148
纳税很光荣 // 150

第17章　给员工最顶尖的福利 // 153
管理亲情化 // 153
让员工拥有安全感和归属感 // 154

第八部分　传承：做500强不如做500年 // 157

第18章　从不"拉关系" // 159
不做"红顶商人" // 160
与政府保持合理的距离 // 161

第19章　绝对控股 // 162
100%持股老干妈 // 163
顺利交班 // 165

第20章　绝不上市 // 172
坚决不上市 // 173
多次拒绝上市提议 // 176
抵住上市诱惑 // 178

附录Ⅰ　陶华碧接受凤凰网记者专访（节选） // 181

附录Ⅱ　老干妈所获荣誉 // 189

附录Ⅲ　改革开放40年百名杰出民营企业家名单 // 196

附录Ⅳ 贵州南明老干妈风味食品公司诉湖南华越食品公司不正当竞争案判决书 // 200

参考文献 // 211

后　记 // 218

第一部分

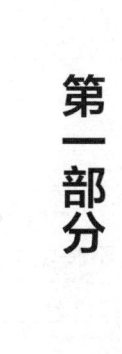

起步：
为辣椒酱而生

我有这个坚强的力量，就是我不睡觉，我都要把它做下去，我要做好，财旺、火旺、人旺，我就要把它做得红红火火的。一旦放弃了再去做，绝不会成功。成功的企业就不要去失败，要好生生去做，要做就把它做大，做成精钢、好钢，我就要成功。别人眼里可能认为"你孤儿寡母，能做什么"，但是我就要拼下去。否则，你吃不上饭，人家笑话你。

——老干妈创始人　陶华碧

第1章　燃情岁月

在中国市场上，老干妈辣椒酱的品牌知名度可谓是家喻户晓，人人皆知。其知名度之高，超出众多消费者的想象，即使在很多偏远的乡镇，消费者不仅可以买到，而且还能够买得起和愿意买，完美地实践了美国可口可乐公司（The Coca-Cola Company）著名的3A策略——"买得到（Availability）""买得起（Affordability）""乐得买（Acceptability）"。

可能消费者不知道的是，老干妈这块金字招牌却是一个没有上过一天学，到如今仅可以写出自己名字和"老干妈"六个字的，名叫陶华碧的贵州遵义人创造的。

消费者之所以只知道老干妈产品，不知道创始人陶华碧，一个关键的原因就是陶华碧过于低调，很少接受媒体的采访，但是这并不影响媒体对陶华碧的好评度。2006年，《胡润百富》创刊人胡润（Rupert Hoogewerf）公开了"胡润中国富豪榜"榜单。凭借10亿元的身家，陶华碧登上"胡润中国富豪榜"榜单，各种报道犹如漫天飞雪般纷至沓来。

媒体的披露，让陶华碧和她的老干妈辣椒酱如虎添翼，老干妈辣椒酱产品迅猛走红，销售供不应求，消费者趋之若鹜。

人们探究老干妈的发展史发现，老干妈的前身可以追溯到1989年，陶华碧遭遇人生的至暗时刻。陶华碧的丈夫——生活来源的顶梁柱因病逝世了。不得已，陶华碧艰难地抚育两个未成年的儿子，从此白手起家。

经过30多年的深耕，陶华碧已经把老干妈打造成为一个带动八百万农民致富，创造了"有华人的地方就有老干妈"的传奇、享誉中外的知名快消品品牌——2020年，老干妈以162.75亿元人民币的品牌价值位居"中国500最具价值品牌"排行榜第352位。

可能读者好奇的是，在偏远的贵州，陶华碧究竟是什么样的经营思维得到"中国500最具价值品牌"工作组认可的？又是什么样的业绩让消费者、媒体、研究者、商学院的教授们刮目相看呢？陶华碧又是使用什么样的管理秘诀把老干妈打造成为中国第一的辣酱帝国的呢？在创业过程中，陶华碧又遭遇了什么样的困难和挫折呢……

为了揭开老干妈的成功秘诀，我经过20多年的跟踪和研究，梳理了老干妈的创建和发展过程。当然，在介绍老干妈这个案例时，我们会一起回顾创始人陶华碧的创业故事，以及她的那段与众不同的创业维艰的燃情岁月。现在，我们就此起航。

大山的馈赠

20世纪80年代，改革开放的春风正在徐徐地吹进中国的云贵高原，山花烂漫的贵州，美景如画，油菜花、李花、桃花等争相怒放。僵化的政策限制渐渐地松动，一批敢为人先的创业者洞察到创业坚冰势不可挡地解冻，一批由农民、下岗工人、公务员组成的创业大军正迅猛崛起。

在这场剧烈的社会变革中，在从乡间田野通往商业帝国的道路上，有的草根创业者历经多次失败，远离创业潮头；有的创业者大起大落，最终东山再起；有的创业者誉满天下，成为造福一方的富豪榜上的常客……不管是创业成功，还是创业失败，他们都为中国商业史画出了浓墨重彩的一笔。

2006年10月12日，胡润发布"2006年胡润中国女富豪排行榜"，年近花甲的老干妈创始人陶华碧以10亿元身家上榜,名列第21位,与其并列的还有俏江南餐饮集团创始人张兰、北泰创业集团黄丽丽等,见表1-1-1。

据介绍,此次榜单上的53位女富豪的总财富高达1018亿元,平均财富19.2亿元。

表1-1-1　2006年胡润中国女富豪排行榜(部分)

排名	财富(亿元)	姓名	公司	总部	行业	年龄	出生地
21	10	陶华碧	老干妈风味食品	贵州贵阳	食品	59	贵州
21	10	张兰	俏江南	北京	餐饮	42	北京
21	10	黄丽丽	北泰创业集团	香港	投资	44	未知

中国消费者对陶华碧非常"面熟"——印有她肖像的"老干妈"系列辣椒制品日产300万瓶,畅销全国,远销数十个国家和地区,由她一手创建的"贵阳南明老干妈风味食品有限责任公司"[①],2020年的销售额达到54.0009亿元。

回望悠久的中国历史,改变历史的英雄都离不开培育自己的土壤,作为老干妈创始人的陶华碧也不例外。位于西南边陲的贵州省遵义市,物产丰富,风景迤逦,山脉延绵,被视为云贵高原上的明珠。省内出产世界知名的白酒——茅台、1300多年前就在陆羽撰写的《茶经》里记载的茶叶、后来引入的辣椒……

与白酒和茶叶不同,作为舶来品的辣椒能够扎根遵义,与贵州自身的地理因素有关。

第一,贵州"天无三日晴",潮湿的气候环境适合食用辣椒。贵州有着"一山有四季、十里不同天"的气候特征,这样的地理环境促使辣椒得到贵州居民的广泛种植和食用,特别是贵州辣椒最著名的产区——遵义,至今依然拥有种植、贸易、加工、销售的完整产业链。

第二,"地无三尺平,身无三分银"。由于贫穷,购买不起食盐,只能靠

---

① 齐飞."老干妈"诞生记[J].中国企业家,2007(17):60-61.

辣椒下饭，既省菜，又食法简单，烹饪还简便。辣椒所含的辣椒素刺激唾液分泌的能力较腌酸更强，同时可弱化人对盐的需求，而且辣椒可以直接当菜吃，少了腌制加工的程序。①

第三，辣椒易种植、产量高，故成物美价廉之常食。辣椒种植条件要求不高，对日照长短、土壤肥瘠、气候冷热都没有太多的要求，而且辣椒因为辣，鸟兽害和病虫害相对较少，容易有个好收成。贵州最大的出产就是辣椒和马铃薯。本地能种，价格就会比较便宜，老百姓也吃得起。辣椒采摘期长、结实率高，而且因为辣，干制和腌制的辣椒制品保质期很长，因此辣椒可以全年供应。②

对于祖辈居住在大山里的子民来说，面对天气恶劣，晴雨莫测，山路崎岖，以及地方贫瘠的典型的喀斯特地形地貌环境，只有征服，才能更好地开发和有效利用山里的自然资源，才能获得生存和世代繁衍的机会，才能获得大山毫不吝啬的馈赠——用之不尽，取之不竭的自然资源。

鉴于此，正是这样的自然环境，陶华碧才与辣椒结下了不解之缘。正是如此艰难的自然环境，孕育了陶华碧的要强、坚强、低调、含蓄与内敛的不屈个性。

多年后，当陶华碧经营的老干妈被媒体报道时，辣椒和她的员工就自然成为报道的重要内容，这或许是陶华碧在幼年用辣椒当作调味品时做梦都没有想到的事情。同样，在走出大山时，陶华碧也没有想过自己能够创建一个风靡世界的辣椒酱王国。

两位来自遵义市桐梓县的17岁女孩告诉记者，她们初中毕业后来到老干妈打工，公司采用两班倒的计件工资制度……相比仍然工作在一线的另一班

---

① 俞为洁.无心插柳：论辣椒在中国的选择性传播[J].美食研究，2019（01）：01-06.
② 俞为洁.无心插柳：论辣椒在中国的选择性传播[J].美食研究，2019（01）：01-06.

员工，她们无疑是幸福的，即便每人都背着一个沉重的大包，手里拎着两个大口袋，回家的喜悦依然挂在脸上。矮个子女孩说，过了春节，她就18岁了，她想跟着村里的姐妹去广州打工。广州，于年轻、从未走出大山的她和她们而言，是繁华的大都市，那里纸醉金迷，霓虹闪烁，充满梦想和欲望，也充满着背井离乡的哀愁。遗憾的是，那里的繁华与"村里的姐妹"无关，与她们同样无关。她们的前辈就像一个零件，被焊在流水线上，命运难以改变，她们自己的未来也早被踏成迷茫之路。

她们匆匆走向马路对面，上车，车子开去，只见车站灯箱里挂着一张巨幅广告，青山绿水相间，云雾缭绕，一行大字跃然其上：遵义，一个记得住乡愁的地方！[①]

很多年前，陶华碧与这些女员工一样，带着对未来的美好向往离开养育自己的家乡——遵义，开启人生的另一段征程。可以说，辣椒让这些与陶华碧本无交集的人聚集在一起，在交集之后，有的工人因为追寻自己的梦想而离开，但辣椒作为一种对家乡乡愁的回味终将成为她们之间无法抹去的交集。

异邦的礼物

对于陶华碧来说，遵义是她这辈子不可能忘记的地方。

陶华碧，女，汉族，原名陶春梅，1947年1月出生于贵州省湄潭县永兴镇一个偏僻的山村。家中兄弟姐妹8个，陶华碧排行第八。由于家贫，陶华碧失去了上学的机会，即使是如今，也仅仅认识"陶华碧"和"老干妈"等几个字。

---

① 黄语贤.被老干妈抛弃的贵州辣椒［J］.商界，2015（02）：62-65.

由于不能上学，年幼的陶华碧只好做一些力所能及的家务。在遵义地区，年幼的女孩通常较早地学会给家人做饭。在做饭的过程中，陶华碧喜欢用辣椒当作炒菜的调味料，这或许就是陶华碧能够做得一手好辣椒酱的一个关键原因。

在贵州遵义地区，当地人食用辣椒已经有几百年的历史。据道光（清宣宗爱新觉罗·旻宁的年号）版《遵义府志》记载："番椒丛生……郡人通呼海椒，亦称辣角园蔬要品，每味不离。盐酒渍之人，可食终岁。其形状有数种，长细角似者，牛角椒；细如小笔头、丛结、尖仰者，名篡椒，二种尤辣。一种扁圆形，色或红或黄，味不甚辣，名柿椒。"

这段历史记载足以说明，在清朝道光皇帝年间，遵义地区的人民已经把辣椒作为必备的调味品了。另外，该文献还披露，遵义当时种植的辣椒类型也很多。

众所周知，辣椒原产于南美洲的玻利维亚、巴拉圭、墨西哥等地，意大利探险家克里斯托弗·哥伦布（Cristoforo Colombo）在大航海时代发现了美洲大陆，便将辣椒种子带回欧洲，经过海运、陆地等方式将辣椒种子向非洲和亚洲传播，现已成为世界上仅次于豆类、番茄的第3大蔬菜作物，在全球温带、热带、亚热带地区均有种植[1]。

对于辣椒的食用历史，据考古学家推算，公元前5000年，美索亚美利加人（Maya peoples）就开始食用辣椒。[2] 由此可见，中国种植和食用辣椒相对较晚，明朝末年，辣椒种子经过多种途径传到中国。目前，主要分布在贵州、四川、湖南、云南、陕西、河南、河北等地。

在贵州等地，即使是现在，当地人仍旧把辣椒称为"海椒"。据了解，全球种植辣椒的国家高达70%左右。辣椒的分布区域主要集中在赤道到北纬38

---

[1] 布兰登·伯瑞尔.辣椒为什么这么辣？[J].品牌与标准化，2010（06）：59-61.
[2] 戴雄泽.漫话辣椒的起源和传播[J].辣椒，2008（03）：48-49.

度左右之间的区域里，形成了一条"辣椒种植/食用带"。目前，全球食辣人群已超过20%。在全球6000万吨干、鲜辣椒总产量中，国外干、鲜辣椒总产量所占比重约54%，略高于中国辣椒产量46%的份额。在辣椒生产不断发展、辣椒用途日益拓展的推动下，辣椒加工业发展取得了明显进展，产品也朝着多样化方向发展。目前，全球辣椒和辣椒制品多达1000余种，以辣椒酱、辣椒油等辣椒调味品为主的辣椒加工制品，全球年产量超过百万吨。在辣椒深加工方面，由于开发力度不够，产品供不应求，例如辣椒红色素、辣椒碱等与市场的实际需要量相比，存在很大缺口。[1]

历史上，在贵州省，经过长期的自然淘汰和人为选择，加上独特的地理和土壤环境，遵义被列入中国七大名椒产地之一。虽如此，但是在很长一段时间里，遵义地区的辣椒种植主要以自食为主，只有小部分作为商品出售。

中华人民共和国成立后，遵义辣椒才迎来大规模商品化生产和销售的机遇。作为出口创汇的重要商品，辣椒被赋予非凡的战略意义。20世纪50年代末，遵义辣椒开始向斯里兰卡、新加坡、日本等国出口。1957年，遵义县成为贵州全省年产辣椒上万担的县，同时遵义县还建立了出口辣椒（朝天椒）的生产基地。

其后，遵义辣椒经过改良，其规模和产量都大幅度提高。在遵义辣椒品种中，遵椒一、二、三号品种目前仍在广泛种植。

（1）遵椒一号辣椒品种的果为圆锥形，果顶尖、钝，果面光滑，果长3至4厘米，果宽2厘米。青果绿色，老熟果深红色。辣椒干平均单果重1.2克。其形状均匀，肉厚质细，果实味中等偏辣。

（2）遵椒二号辣椒品种的果为指型，果顶尖，果面光滑，果长5至7厘米，果宽1.7厘米。青果绿色，老熟果深红色。辣椒干平均单果重1.1克。其形状

---

[1] 王永平，张绍刚，何嘉等.国内外辣椒产业发展现状及趋势[J].现代农业科学，2009（06）：267-270.

均匀，肉厚质细，果实味辣。

（3）遵椒三号辣椒品种的果为樱桃型，果顶尖，果面光滑，果长2.3至3厘米，果宽1.5厘米。青果绿色，老熟果深红色。辣椒干平均单果重1克。其形状均匀，肉厚质细，果实辣味适中。

研究发现，在遵义地区种植的辣椒品种中，尤其是小辣椒，除了产量高外，其营养也很丰富，见表1-1-2：

表1-1-2 遵义地区辣椒的营养价值和药用价值

序号	营养价值和药用价值
1	鲜椒中所含维生素较高，每克维生素C的含量高达198毫克，即使在中国众多的辣椒品种中也位居前茅。
2	遵义辣椒所含胡萝卜素也较高，胡萝卜素的含量仅次于胡萝卜。
3	遵义辣椒的药用价值也高。

关于遵义辣椒的药用价值，据明末姚可成所著的《食物本草》一书记载，遵义辣椒具有"消宿食、解结气、开胃口、辟邪恶、杀腥气诸毒"的功效。即使是现代医学也同样证明，辣椒所含的辣椒素，确有增进食欲、帮助消化、兴奋神经、增温御寒、促进血液循环和杀虫败毒作用。

天时、地利等原因，辣椒这个调味品就潜移默化地影响陶华碧的人生路径。随着陶华碧的渐渐长大，亭亭玉立的她也迎来人生的第一个重要命运转折点。

1967年，核工业部206地质大队到永兴镇探矿，20岁的陶华碧遇见了地质大队的一名会计，两人一见钟情，相恋后结婚。年轻时的陶华碧，面容姣好，用她自己的话讲也是一朵花，好强又能干。尽管丈夫有份不错的工作，但是在当时计划经济时代，陶华碧一家人的生活并不宽裕。

婚后，陶华碧生育两个儿子，大儿子李贵山，小儿子李妙行（又名李辉），一家四口其乐融融。

扎根贵阳

在计划经济时代,尤其在当时"铁饭碗"盛行的时代,不识字的陶华碧,嫁给了一个知识分子——地质工程队会计,就等于"衣食无忧"。

随后,作为地质队的一名随队家属,基地就像一艘流动的船,船到哪里,队员和家属就搬迁到哪里。查阅资料得知,在206地质大队数十年的岁月中,共经历过七次搬迁,见表1-1-3:

表1-1-3　206地质大队的七次搬迁

序号	年份	搬迁详情
1	1956年	从遵义市搬迁到贵阳市中华南路92号
2	1957年	从贵阳市搬迁到开阳县白马洞
3	1958年	从白马洞搬迁到贵阳市
4	1965年	从贵阳市搬迁到印江县芙蓉坝
5	1970年	从印江县搬迁到遵义县鸭溪
6	1973年	从遵义县鸭溪搬迁到福泉县马场坪
7	1998年	从马场坪搬迁到贵阳市龙洞堡

鉴于此,跟随丈夫进城的陶华碧,不得不面临一个非常棘手的问题——工作。如前所述,陶华碧没有进过一天学校,即使是作为随队家属,要想找到一份合适的工作也是相当困难,加上当时的社会环境,自主创业的可能性近乎为零。

究其原因,在改革开放之前,个体经济也被当作"资本主义的尾巴"清理掉,经营者也要"批斗",这样的社会环境深深地烙印在陶华碧的记忆中。与一般中国农村乡镇不同,湄潭县的永兴镇是贵州省著名的商业重镇,盛产茶叶、大米、辣椒等经济作物,而且是黔北通往黔东和湘西的中转站[①]。迅猛

---

① 王宁,聂毅.从路边摊到辣椒王国——老干妈陶华碧的传奇人生[J].大陆桥视野,2005(09):46—47.

的、范围甚广的风潮无疑影响了已经记事的陶华碧。

2008年11月29日,由贵州省委统战部、省工商联、省中小企业局正式发布的《改革开放30年贵州省非公有制经济发展报告》就明确提到,"'文化大革命'时期,对于私营经济是坚决取缔的,个体经济也被当作资本主义的尾巴进行清理。在1978年底时,贵州城镇个体经济只有1644人,私营经济则为零。贵州非公有制经济的发展,是从党的十一届三中全会以后开始的。"[1]

随着中国大变革时代的到来,之前严禁经商的政策逐渐解冻。1978年12月,中国共产党顺利地召开了十一届三中全会。改革开放的大幕徐徐地拉开,这为中国经济的高速发展和崛起提供了源动力。

党的十一届三中全会以后,深处内陆的贵州与中国其他地方一样,把工作重心转移到以经济建设为中心的轨道上来,坚持四项基本原则,坚持改革开放,市场机制在资源配置中开始发挥作用。在这样一波浪潮下,政策的支持使得原来的"割资本主义尾巴"已经不复存在。贵州省的个体经济逐步得到恢复和发展,私营企业也开始出现。到1979年底,全省有个体工商户8530户,从业人员11870人;1981年末,全省非公有制独立核算的工业企业有4个,非公有制企业按当年价格计算的净产值达到261万元。[2]

在政治中心的北京,这样的变化更加明显。1978年11月27日,34岁的中国科学院计算所工程技术员柳传志还在按照一杯茶和一张报纸一天的模式上班。走进办公室前的柳传志先是到传达室领取一把热水瓶,与看管传达室的工作人员开了几句玩笑,然后从写着自己名字的信箱格子里取出了当日的《人民日报》。

20多年后,柳传志回忆道:"记得1978年,我第一次在《人民日报》上

---

[1] 贵州省委统战部,省工商联,省中小企业局.改革开放30年贵州省非公有制经济发展报告,2008-11-29.

[2] 贵州省委统战部,省工商联,省中小企业局.改革开放30年贵州省非公有制经济发展报告,2008-11-29.

看到一篇关于如何养牛的文章，让我激动不已。自打'文化大革命'以来，报纸一登就全是革命，全是斗争，全是社论。在当时养鸡、种菜全被看成是资本主义尾巴，是要被割掉的，而《人民日报》竟然登载养牛的文章，气候真是要变了！"

吴晓波在撰写文章时，提到柳传志可能记错了。吴晓波的理由是，从现在查阅的资料看，日后创办了赫赫有名的联想集团的柳传志可能有点记忆上的差失。因为在已经泛黄的1978年的《人民日报》中，并没有如何养牛的文章，而是有一篇科学养猪的新闻。在这天报纸的第三版上，有一篇长篇报道是"群众创造了加快养猪事业的经验"，上面细致地介绍了广西和北京通县如何提高养猪效益的新办法，如"交售一头可自宰一头""实行公有分养的新办法"等等。柳传志看到的应该是这一篇新闻稿。①

吴晓波坦言，关于柳传志看的报道是养牛还是养猪，这已经并不重要了，重要的是，在1978年的冬天，一批像柳传志这样关注政策变化的人已经开始"春江水暖鸭先知"，尽管他们深处寒意料峭的初冬，但是却明显地觉察到了季节和时代的变迁。

与时代一起共振的还有个体工商户。1980年9月30日，位于北京市东城区的翠花胡同，只有四张桌子的悦宾餐馆起灶开张营业。之前一天，北京市东城区工商局的一位领导特地检查了悦宾餐馆，且很仔细地把悦宾餐馆看了一遍，同时还询问了餐馆开业准备的详细情况。临出门时，该领导对经营者刘桂仙语重心长地说："这可是上面批的第一家个体饭馆，你要好好开，千万别给政府抹了黑。"

开张当天，翠花胡同里的顾客爆满，一看见餐馆开门就直接往里挤。为了更有效地营业，刘桂仙不得不让顾客排队领号，甚至餐馆里的原料都用完了，等着就餐的顾客也不肯离开。

---

① 吴晓波.激荡三十年：中国企业1978—2008年（上）.北京：中信出版社，2007：003—003.

让刘桂仙没有想到的是，悦宾餐馆的顾客一天比一天多，一家人根本忙不过来。没办法，刘桂仙只好定出了1个人10元钱的标准，顾客必须预订，当时72个国家的驻华大使和74家新闻单位的记者甚至都闻讯赶来一睹悦宾餐馆开业的盛况。一些外国顾客在就餐后以外币支付餐费，刘桂仙不认识外币而不敢收。

在接待外国大使和新闻媒体的同时，外国记者提的问题都差不多："这饭馆是你自己开的，还是政府要你开的？""你担心自己将来挨批斗吗？""你挣了钱会不会被别人拿走？"……面对诸多的问题，没有接受过媒体采访的刘桂仙也不知道如何回答，也想找人问问媒体关心的问题。

当刘桂仙为此疑惑之际，1981年的中国农历大年初一，时任国务院副总理的姚依林、陈慕华来到悦宾餐馆，鼓励刘桂仙好好干。

得到副总理的认可，刘桂仙悬着的心总算是落地了。等副总理离开后，刘桂仙购买了两大麻袋鞭炮，庆祝悦宾餐馆的顺利经营，鞭炮足足响了半个多小时。

作为改革开放前沿阵地的浙江率先扬帆起航。1980年12月11日，敢为人先的19岁浙江省温州籍姑娘——章华妹勇闯商海，领到了温州市工商行政管理局颁发的"工商证字第10101号"营业执照。

这张用毛笔字填写并附有相片的营业执照见证了中国改革开放的新浪潮，其历史意义非同小可，因为它是由政府颁发的个体工商户营业执照，章华妹因此成为中国改革开放后第一个合法的个体经营户。章华妹很快就成为一名万元户。

接到领取营业执照的通知时，章华妹欣喜之中却略带顾虑：一旦领取营业执照，必然会登记在册，以后再"割资本主义尾巴"时，营业执照将成为一个铁的证据。正在犹豫中的章华妹得到父亲的支持。其父深信，既然政府说要改革开放发展经济，领取营业执照断然不会有错的。

在父亲的支持下，章华妹才勇敢地领取了营业执照，把它高高挂了起来。

之前，章华妹的同学见了她都把脸转过去；不久，社会上就有了这样的顺口溜："政治上是光荣户，生产上是斗争户，倒不如去当个体户。"那一纸证书，成了光荣的证据。①

可以说，改革开放让家族企业迎来蓬勃发展的第一个黄金时代。正是因为改革开放，中国家族企业迎来了前所未有的发展契机，家族企业的种子在华夏大地遍地开花。随着改革开放的深入，中国数十年经济的迅猛发展，给规模庞大的企业家群体创富提供了条件。

20世纪80年代，在中国风起云涌的改革开放浪潮中，贵州也在缓慢起步。1982年年底，全国人大通过的宪法修正案规定，个体经济"是社会主义公有制经济的补充"；1983年，国务院发布规定，明确城镇个体工商业及其合作组织为社会主义经济的组成部分；1984年，贵州省工商局出台《发展工商户的十条措施》，结合实际鼓励个体工商业发展。②

成千上万的个体户此刻正在华夏大地上以"星星之火"之势如火如荼地蔓延开来，此时的陶华碧只是地质队的一名随队家属，没有过多的创业想法。为了补贴家用，陶华碧只好在地质大队里找一些"临时活"做。例如，挥举"八磅锤"击钎碎石，又如挑运泥土"平机场"。

如此繁重辛苦的工作，对于在贵州长大的陶华碧来说，也算是家常便饭。在这种环境中成长的陶华碧像其他普通人家一样，过着靠工资和临时务工所得收入，与邻居相差无几的日子还是十分幸福的，他们夫妻相濡以沫，多年依旧如此。

---

① 刘青松.人民不会永远沉默：真话[M].北京：九州出版社，2009.
② 唐福敬，黄莎莎.有华人的地方就有"老干妈"——陶华碧一家调制的贵州味道[J].当代贵州，2008（24）：42—45.

第2章 天降灾祸

在陶华碧的帮衬下，家中的生活也慢慢地有所改观，与邻居的生活水平渐渐持平。然而，幸福的日子总是过得飞快，陶华碧遭遇了人生中的一个重大挫折。

丈夫病重使陶华碧不得不独自肩负起养家的重任。20世纪80年代，物资极度匮乏的贵州，一个没有工作的女人要养活两个儿子，其生活压力可想而知。然而，天降灾难却让陶华碧被动地开始自己的创业人生。几经艰苦奋斗，陶华碧谱写了一个现代版"阿信"的传奇商业故事。

回顾20世纪80年代，改革开放的春雷响遍了中华大地，一个划时代的春天即将来临。对于第一代企业家来说，时代给予他们一个施展自身才华的舞台。

吴晓波是这样描述这个时代的："当这个时代到来的时候，锐不可当。万物肆意生长，尘埃与曙光升腾，江河汇聚成川，无名山丘崛起为峰，天地一时，无比开阔。"

自带饭碗

1984年，陶华碧的丈夫因患严重的肺气肿住院了，家里的开销除了地质队每月30元的补助以外，再无任何收入。丈夫在医院亟待治疗，两个孩子尚未长大成人，面对这样的绝境，陶华碧第一次离开家乡，前往发达的广东打工。一个人的打工岁月无疑是难挨的。陶华碧担心病榻上的丈夫，挂念两个孩子，却只能咬牙挺住[①]。

1989年，陶华碧的丈夫因医治无效病亡。丈夫临终前告诉陶华碧，两个尚未成年的儿子今后只能依靠她独自抚养成人。陶华碧的丈夫说："你要自带饭碗！"

坚强的陶华碧记住了丈夫的托付，在艰难困苦的日子中挺住了。丈夫去世后，一家人的生活重担全都落在陶华碧的肩上，地质队每月30元的生活补助远不够陶华碧母子三人的日常开支。这样的窘状，迫使陶华碧不得不迈开创业经商的第一步。

为了维持必要的生计，陶华碧晚上开始制作米豆腐（贵阳最常见的一种廉价凉粉），白天用背篼背到龙洞堡的几所学校里售卖。

在当时，制作米豆腐的原材料最近也要到5千米以外的"油榨街"[②]才能购买到。每次需要采购原材料时，陶华碧只能背着背篼，赶最早的一班车到油榨街去购买。由于那时车少人多，背篼又占地方，驾驶员经常不让陶华碧上车。不得已，陶华碧大多数时候只好步行到油榨街，购买所需原材料后，再背着七八十斤重的货物步行回龙洞堡。

陶华碧挑着担子去学校周围售卖米豆腐。当时，她的体重只有45千克，瘦弱的她，却要扛起50多千克的担子。繁重的劳作使陶华碧落下肩周炎、关节炎、颈椎病等诸多毛病，直至今日，膏药依旧没有间断过。

[①] 王宁，聂毅.从路边摊到辣椒王国——老干妈陶华碧的传奇人生[J].大陆桥视野，2005（09）：46—47.

[②] 油榨街道，隶属贵州省贵阳市南明区，地处南明区中部，东南至图云桥（雨高桥）、纱帽山、汤粑关与龙洞堡街道毗邻，南与二戈寨街道相接，西与兴关路街道交界，西北与新华路街道接壤，北与西湖路街道隔南明河相望。

在此阶段，艰难的生活如大山一样压着谋求生计的陶华碧，为了吃上饭，陶华碧更是有着不屈不挠的面对困难的意志。

多年后，陶华碧在接受凤凰网记者陈芳采访时说道："成功的企业就不要去失败，要好生生去做，要做就把它做大，做成精钢、好钢，我就要成功。别人眼里可能认为'你孤儿寡母，能做什么'，但是我就要拼下去。否则，你吃不上饭，人家笑话你。"

在这样的境遇中，陶华碧遭遇一次次的困难和挫折，但都咬牙坚持。正如陶华碧所言："人都有碰到困难的时候，你一定要努力。别人能拼下去，难道你就拼不下去吗？今天就是面对一个土匪，我都要跟你拼下去；你把我杀下去，我就要把你杀下去。要拼就会赢，不拼就会输。但是我不能输，输了人家还要来笑话你，我不偷不抢，好生生把我的企业做好。"

从摊到店

经过几年的经营，米豆腐摊的生意越做越好，不仅为陶华碧母子三人提供必要的生活来源，还在当地成为一个响当当的小吃店。

随着食客的不断增加，陶华碧不得不开始思考经营模式的转型。1989年，陶华碧开始第一次扩大"经营规模"——从摊到店。虽然叫饭店，但是规模很小，仅仅是陶华碧和儿子用捡来的半截砖头和废旧油毛毡、石棉瓦搭起来的一个简易的能够摆下两张小桌的经营场所，陶华碧把它起名"实惠餐厅"。

在经营中，陶华碧免费赠送风味豆豉、风味油辣椒、豆腐乳、香辣菜等配餐小菜给食客。一时间，食客络绎不绝，"实惠餐厅"的生意非常红火。

随着时间的推移，改革开放进入一个新阶段。1992年1月20日，邓小平到深圳国贸大厦参观并发表了重要讲话："特区发展了十几年才有今天的样子，垮起来是一夜之间哪！……只要我们不坚持社会主义，不改革开放，不发展经济，不改善人民生活，走任何一条路，都是死路！"①

邓小平同志的南方谈话，吹响了第二次思想解放的号角。1992年10月，党的十四大召开，确立了个体经济、私营经济的重要地位，廓清了对非公有制经济的思想混乱，为非公有制经济的发展扫清了种种障碍。贵州省各级政府对发展个体、私营经济以及引进外资方面有了新的认识。一系列发展贵州省个体私营经济的政策意见、一系列加快非公有制经济发展的措施相继出台，逐渐消除了对发展非公有制经济的种种顾虑，使贵州省非公有制经济的发展步伐明显加快，尤其是个体、私营经济在投资、规模、技术、结构、效益等方面，均出现了较大的调整和升级。至1993年底，全省个体工商户达到31.74万户，42.52万人，较1978年的8530户（人）增长了几十倍。私营企业从无到有，发展到3733户，其中注册资金100万元以上的企业有30户。"三资"企业前几年发展缓慢，到1991年累计才85户，到1993年底增加到740户。②

在此指导思想下，深处内陆的贵州也开启了相关的改革。1994年，贵州省把发展个体经济摆到重要议事日程，省委、省政府在全省开展的解放思想大讨论中，制定下发了《关于加快个体、私营经济发展的意见》（省发〔1994〕12号），明确提出要坚定不移地"坚持以公有制为主体，多种经济成分共同发展的方针"，进一步鼓励放心、放胆、放手地发展个体、私营经济，实行"五不限"，即不限发展比例，不限发展速度，不限经营方式，不限经营规模，不限经营范围；取消了对个体经济的不合理限制，为个体经济的发展创造了宽松的政策环境；促使非公有制经济发展的势头明显加快。截至1994年底，全省个体工商户达到3392万户，468万人，个体工商户实现的营业收入比上年增长20.6%，实现的商品零售额比上年增长18.4%，户均资金比上年

---

① 钟业昌.论邓小平的对外开放思想［J］.海南师范学院学报（社会科学版），1992（03）：03—10.

② 贵州省委统战部，省工商联，省中小企业局.改革开放30年贵州省非公有制经济发展报告，2008-11-29.

增加56.8%。贵州全省登记注册的私营企业达到5155户，比上年增加1422户，增长38.1%；私营企业雇工886万人，比上年增加269万人，增长43.7%；投资者人数1.32万人，比上年增加3806人，增长40.6%。①

随着贵州相关创业限制的取消，陶华碧迎来了另一个人生的重要节点。经过10年的艰辛经营，陶华碧不再为生计发愁，日子已经有明显改观，"实惠餐厅"的火爆生意让陶华碧再次面临转型。

当然，从改革开放中捕捉到商业机会的并非只有陶华碧一人。资料显示，从1984年的中国公司元年到1994年的10年间，有些贵州民营企业早已风生水起——遵义长寿长乐集团宣布捐资1000万元在全国沿红军长征路建50所希望小学，引来惊叹；贵州"神奇"从一个洗脚药水产品开始，掀起了至今令人记忆犹新、席卷全国的销售风暴……②

与这些贵州知名的民营企业相比，陶华碧经营的"实惠餐厅"压根儿就不具备可比性。但是在这期间，陶华碧每月总有一天的固定日程，穿着她习惯的布鞋，步行到几公里以外的街道办事处所在地油榨街缴税。

多年以后，陶华碧自豪地说道：**"我一辈子就是要赚安心的钱，所以从卖米豆腐的时候就开始交税。"** 从这个细微的纳税行为来看，陶华碧一步一个脚印地做强老干妈辣椒酱企业的基础已经夯实。

蓝图早已绘就，奋斗正当其时。

---

① 贵州省委统战部，省工商联，省中小企业局.改革开放30年贵州省非公有制经济发展报告，2008-11-29.

② 唐福敬，黄莎莎.有华人的地方就有"老干妈"——陶华碧一家调制的贵州味道［J］.当代贵州，2008（24）：42—45.

第3章　艰难开局

对于任何一个创业者来说，困难和挫折是不可避免的。可能读者好奇的是，在刚开始创业很艰难时，陶华碧遇到的最大困难是什么？有没有支撑不下去的时候？

对此，陶华碧的回答非常肯定，从未想过放弃，理由很简单，也很朴实——害怕别人笑话。在接受媒体采访时，陶华碧是这样回答的："**我没有想过放弃，因为你既然要去做一件事，这个想法就必须实现。要是放弃了，人家会指着你的肋巴骨，'陶春梅，你吃不上饭啰'，叫人家笑话，你才活不下去。我有这个坚强的力量，就是我不睡觉，我都要把它做下去，我要做好，财旺、火旺、人旺，我就要把它做得红红火火的。一旦放弃了再去做，绝不会成功。**"

有尊严地活着

老干妈之所以能够取得今天的业绩，与陶华碧自身的性格是分不开的。在整个创业过程中，陶华碧倒是不怕吃苦，但是受不了被人瞧不起，一路下来，冷暖只有陶华碧自己知道。

事实上，陶华碧的创业之路是异常艰辛的。在很长一段时间里，陶华碧仍旧坚持在厂里睡觉。

在接受媒体采访时，李辉（李妙行）介绍说，有一次，他陪着母亲陶华碧去旅游，晚上陶华碧对李辉（李妙行）说道："我失眠睡不着，我想要现在回去，我听不到瓶子砰砰的声音睡不安稳。"就这样，此次旅游草草结束，陶华碧回到了老干妈的工厂。

陶华碧的吃苦与浙商的"两板精神"——"白天当老板，晚上睡地板"高度一致。改革开放激活了民众的创业热情，推动了如潮水般的创业浪潮势如破竹地向前发展，因而第一代企业家虽然很辛苦，却能在激情燃烧的岁月中克服一切困难。只不过，吃苦只是创业的一部分，在创业过程中，还会遭遇其他困难。

在第一代企业家身上，这样的问题会更多一些。陶华碧在经营"实惠餐厅"时，由于要烧煤炉，环保人员、城管、工商干部，包括楼上的退休老头，三天两头来找麻烦，"吃拿卡要"，还要罚款。被逼无奈下，陶华碧竟然拿起"炒瓢"跟他们打上一架。

在接受媒体采访时，陶华碧回忆说道："你要钱可以，但是要正当，你可以跟我讲道理，我们孤儿寡母挣点钱多难。好多人害怕就挨罚，我不行，我不是随便可以欺负的，我不怕你。你礼拜天来店里，又没穿制服，又没有带证，你是不是来要吃的？我就要打你，打得不得了。"

陶华碧的做法并非特例，在北京，新东方创始人俞敏洪曾经拿命换来新东方。当年新东方刚创建时，为了更好地宣传，俞敏洪时常到北京中关村附近的电线杆上张贴招生广告。由于影响市容，居委会大妈不得不一张张地抠掉。当俞敏洪发现在电线杆上贴广告的做法欠妥后，就主动抠掉自己张贴的全部广告。俞敏洪的做法得到了北京中关村附近居委会大妈的认同，她们主动帮助俞敏洪把招生广告贴到专门的广告栏里。

1993年，俞敏洪招收的学生越来越多，这无疑影响了其他英语培训机构的营业收入，这些培训机构的学生开始大幅度减少。每当俞敏洪在广告栏张贴招生广告时，总是有人在其附近等着撕掉新东方的招生广告。一次，有人甚至用刀将一名员工捅伤，幸好被及时送进了医院。

面临这样的问题，书生气很重的俞敏洪只能去求助警察。当时来了六七位警察，俞敏洪也不知道该讲什么，只有一杯接着一杯喝酒，半小时不到，一斤多白酒就喝了进去。结果，俞敏洪被送进了医院。一位警察在病房里对俞敏洪说："只要你不做违法的事情，在海淀区，新东方不会有任何问题。"

在民警与教育局的协调下，新东方终于在广告栏上有了自己的一块地方，尽管在广告栏最下面、一个不起眼的角落里。

同为创始人，性格的不同，就导致俞敏洪与陶华碧天壤之别的应对办法。相比俞敏洪，陶华碧的做法或许更加直截了当。陶华碧的理由是："对这些人不能示弱，你弱他第二天还来欺负你，就要跟他打，他们在你小的时候不重视你，大了就重视。你要努力去奋斗，对得起政府，对得起国家，就放心了。生意做不起来，一家人没饭吃，别人瞧不起你；生意好了，又有人眼红挤对你。"

陶华碧敢于这样做，不仅是因为生活所迫，更重要的是，她受不了被人"瞧不起"。正是这样的性格使然，成就了老干妈今日的辉煌业绩。在这样的环境下，陶华碧说她"只能好生生做下去"。究其原因，"我不坚强，就没得饭吃"。

愿景初显

在老干妈的发展过程中，陶华碧同样遇到其他创业者一样的困难。比如，陶华碧刚刚创建的辣酱加工厂，员工只有40名，规模的扩大无疑需要更多合适的玻璃瓶。

当时找不到合适的装辣椒酱的玻璃瓶，陶华碧不得不去贵阳市第二玻璃厂寻求合作。当时的贵阳"二玻"年产1.8万吨，根本不愿意搭理这个要货量少得可怜的小客户。毕竟，小小的老干妈工厂也不可能需要太多的玻璃瓶，于是拒绝了陶华碧定制玻璃瓶的请求。

面对厂长的拒绝，陶华碧知道其中的原因，开始了自己首次对阵大客户贵阳市第二玻璃厂的"商业谈判"。

陶华碧质问厂长："哪个娃儿是一生下来就一大个哦，都是慢慢长大的嘛，今天你要不给我瓶子，我就不走了。"

在软磨硬泡了几个小时后，陶华碧的想法竟然得到贵阳市第二玻璃厂厂长的认可，双方达成了如下协议："玻璃厂允许她每次提篮到厂里捡几十个瓶子拎回去用，其余免谈。"虽然没有达成作坊定制玻璃瓶的请求，但是得到这样的结果，陶华碧满意而归。

正是陶华碧的"气宇轩昂"，敢于把"做大"老干妈的战略构想说出来，率性的她才能在这场劣势商业谈判中满意而归。

可能让当年的厂长没有想到的是，正是当初的这一"妥协"，保持了贵阳市第二玻璃厂的活力，尤其是在下岗潮中，能够力挽狂澜、屹立不倒，甚至能发展壮大，一个关键的原因就是陶华碧的大力支持。

经过几年的发展，老干妈的经营规模呈爆炸式增长，需要的玻璃瓶数量越来越大。来自重庆、郑州等地的大型玻璃企业开始寻求合作。

贵阳"二玻"与这些大型企业相比，无论是成本，还是规模，都没有太多优势，但是陶华碧从来没有削减过贵阳"二玻"的供货份额。即使是现在，老干妈60%产品的玻璃瓶都由贵阳"二玻"生产，"二玻"的4条生产线，有3条都是为老干妈24小时生产。

从陶华碧的言语中不难看出，陶华碧做强做大老干妈的愿景已经初步成型。除了陶华碧，作为贵州籍企业家的华为创始人任正非在创业初期也同样坚持自己的梦想，把企业产品做到行业第一。

1988年5月，《深圳特区报》在一篇标题为《充满活力的一株幼苗：对深圳民间科技企业的考察》的新闻中报道："公司经理任正非对我们说，我们这些辞职或停薪留职的科技人员，离开国营单位，自己出来找饭吃，大家都有背水一战的危机，人人奋力拼搏，没有内耗，没有扯皮现象。在一个国营企业里，厂长、经理往往要用60%的时间去处理人际关系，想干成一件事是很难的。兴办民间科技企业，能在一生中搞出一两个市场需要的拳头产品，这一生也就算没白过！"①

如今的华为拥有多个拳头产品，已经实现了任正非当年定下的目标。即使在2021年受到美国政府打压的影响，华为在前三个季度仍然引领着全球电信设备市场。

在Dell'Oro集团的第一季度至第三季度市场报告中，该公司表示，美国遏制中国供应商的持续施力影响出现在华为的业绩中，特别是在中国境外。

"与此同时，华为继续主导全球市场，仍然几乎与爱立信和诺基亚的总和一样大。"Dell'Oro分析师斯特凡·庞格拉茨（*Stefan Pongratz*）写道。电信市场的累计收入约为1000亿美元。

华为、诺基亚、爱立信、中兴、思科、西纳、三星七家供应商共同占据了全球约80%的市场份额，Dell'Oro表示，这一市场份额保持相对稳定。

诺基亚和爱立信各占总收入的15%左右，而仅华为就占29%左右。见图1-3-1。

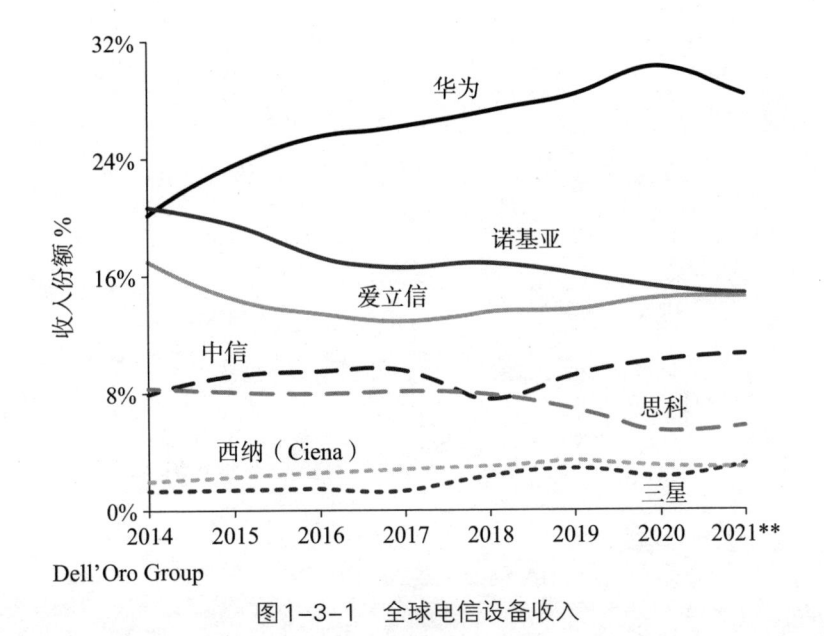

图1-3-1　全球电信设备收入

---

① 张德纯，曾纪允，董永强. 充满活力的一株幼苗：对深圳民间科技企业的考察［N］. 深圳特区报，1988-05-31.

第二部分

探索：
成功没有偶然

我的辣椒调料都是100%的真料,每一个辣椒,每一块牛肉都是指定供货商提供的,绝对没有一丝杂质。

——老干妈创始人　陶华碧

第4章 产品口味始终如一

在中国企业界,老干妈的做法相当另类,被媒体称为近乎神一样的存在。老干妈获得媒体如此好评,与陶华碧坚守货真价实、品味虽贵必不敢减物力,苛刻的原材料把控,以及产品为王的理念息息相关。

时至今日,老干妈的产品仅有二十多个品类——**老干妈火锅底料、老干妈香辣菜、老干妈油辣椒、老干妈肉丝豆豉油辣椒、老干妈风味腐乳、老干妈风味豆豉油制辣椒、老干妈辣三丁油辣椒、老干妈风味水豆豉、老干妈风味糟辣剁椒、老干妈风味鸡油辣椒、老干妈红油腐乳、老干妈干煸肉丝油辣椒、老干妈糟辣椒火锅底料、老干妈油辣椒、老干妈香辣脆油辣椒、老干妈香菇油辣椒、老干妈肉丝豆豉油辣椒、老干妈精制牛肉末豆豉油辣椒、老干妈番茄辣酱、老干妈香辣酱**……

品类虽然不多,但是每一个品类都是爆款。在接受媒体采访时,陶华碧介绍这些品类成为爆款的原因。陶华碧说道:"**我的辣椒调料都是100%的真料,每一个辣椒,每一块牛肉都是指定供货商提供的,绝对没有一丝杂质。**"

陶华碧直言,老干妈用料、配料、工艺很讲究,绝对不会因为原材料的上涨而偷工减料,以次充好;在生产流程中,老干妈对原材料的把控甚至达到难以置信的苛刻程度。

从不在原材料上"节流"

事实证明,老干妈之所以能够在食品安全问题频发的背景下,赢得消费者的认可,销量还猛增,自然离不开陶华碧对原材料严格的控制,也离不开陶华碧始终秉承"质量是企业的生命线、安全是企业的生存线"的经营理念。

为此,陶华碧把提高老干妈产品质量、保障食品安全作为重点,先后在贵州省各地建起了多个辣椒出口种植基地,所有出口产品均使用大豆油,其他原材料则对供应商的资质进行严格审查、备案,对包装材料进行严格的检验。同时,在贵州检验检疫局信息、技术、科研、标准等支持下,老干妈进一步完善欧美发达国家和地区的市场准入备案,包括美国FDA备案、日本厚生省年检和韩国卫生部门产品检测等,用过硬的产品质量和安全,保证了其产品在各个国家进口通关、市场销售等方面的顺畅性和安全性。[1]

与此同时,为了更好地保证产品质量,老干妈从不在原材料上"节流"。20多年来,老干妈利润从十几年前的几毛钱到现在的1元钱左右,除去物价因素,利润水平基本相当。成本维持高位是老干妈一直以来的坚守,这背后是老干妈对原材料一贯严格的把控。[2]

老干妈所采用的辣椒原料,会选择主产地在遵义的辣椒,因为遵义辣椒质量高,曾为出口免检产品。给老干妈供应遵义辣椒的大客户坦言:**"给她的辣椒,谁也不敢大意,只要出一次错,以后再想与她打交道就难了。当地提供给她的辣椒,全部要剪蒂,一个个剪,这样拣剪过的辣椒,再分装,就没有杂质了。"**

据老干妈常务副总经理李鑫介绍,一直以来,老干妈坚持品质至上,对每一颗辣椒、每一粒黄豆等原料都精挑细选。当然,为了调制出更符合市场

---

[1] 王志文.好一个"老干妈"[N].中国国门时报,2012-11-05.
[2] 贵州省政府发展研究中心调研组.贵州"老干妈""逆思维"背后的"顺逻辑"[J].当代贵州,2016(39):52—53.

需求的口味，老干妈面向全国采购辣椒，将不同地区、不同品种、不同辣度、不同香味、不同色度的辣椒进行科学"拼配"，调制出畅销全球的产品，酿造出消费者最满意、最熟悉、最认可的味道，使老干妈从贵州走向全国，走向世界。①

通过流程管理监控合格原料供应

除了从不在原材料上"节流"外，老干妈还通过流程管理变革来监控合格的原料供应。从2002年开始，陶华碧在采购辣椒等原材料的形式方面经历了数次变革——开始主要是由市场自购，价格随行就市，其后是要求农户根据质量标准自发组织种植辣椒，再运货上门、按质定价。

之后，老干妈与贵州当地联合建立了无公害干辣椒基地和绿色产品原材料基地，搭建了一条"企业+基地+农户"的农业产业链，绝大部分原料都来源于老干妈的自产基地。老干妈的飞速发展，也促进了当地的就业，推动了经济的发展。

据《第一财经日报》报道，截至2013年2月，老干妈拥有4个生产基地，日产老干妈20多种系列产品达到300万瓶。通过与农户签订"公司+农户"的合作协议，既保证了原料供给稳定，便于掌控品质，形成利益共同体，又提高了农户收入。1997—2006年，老干妈累计在贵州采购干辣椒6万吨、菜油15万吨、黄豆8万吨。按照贵州人均耕地1.1亩的水平，该公司解决了350万农户的农产品销路问题。用于采购农作物原材料资金达16亿元，提高了贵州农户的经济收入。②

---

① 胡倩茹.老干妈2020年实现销售收入超54亿元 再创历史新高［N］.潇湘晨报，2021-02-23.

② 杨晶，曾新达."老干妈"：小辣椒做成大产业［N］.第一财经日报，2013-02-05.

经过两年的原材料调整，截至2004年5月，生产基地供应给老干妈的原材料比例达到了82.3%。由于这些基地建设仅为半紧密型或松散型，市场这只"无形的手"必然时时刺激着农户的机会主义动机——农产品供不应求就会导致市场价格大幅攀升，农户将已签订单的稀缺原料部分或全部投放市场，必然造成企业原料供应不足，进而生产经营也就无从保障。①

为了打破之前半紧密型或松散型的瓶颈，陶华碧与这些生产基地建立了牢固的战略联盟，强化与其相同或互补利益的融合，将利益一体、互惠互助的合作关系捆绑在一起，减少或者规避农户因为机会主义行为所引发的潜在危机。在必要时，老干妈甚至可以采取收购方式取得经营权，实施规模化经营，有效地保障了原材料供应的品质与数量。

与此同时，老干妈通过流程化管理来保证产品的质量——从种植、包装、流通，再到销售，老干妈成为名副其实的"链主"，串联起了一个立足地方资源，带动农业、工业、物流运输业发展的产业链条。老干妈的产业链上串联了15家合作配套的玻璃、瓶盖、纸箱制造等厂家，以及110个相关原辅材料供应商、135个国内外销售代理商、8个物流运输企业等。②

2021年5月，李鑫在接受《贵阳日报》采访时说道："作为贵州省辣椒加工的支柱型企业，要积极发挥龙头企业带动农户和推进产业化经营的作用。"

据李鑫介绍，老干妈在普安、丹寨、贵定等地建有辣椒、葱姜蒜等原材料基地，企业年采购辣椒4万多吨，菜油15万多吨等，累计带动20余万农户增收。③

---

① 张三保.老干妈战略软肋与创新之道［J］.中国中小企业，2006（11）：35—35.

② 樊成琼."老干妈"的发展之道［N］.贵阳日报，2021-05-03.

③ 樊成琼."老干妈"的发展之道［N］.贵阳日报，2021-05-03.

第5章　专注产品品质

老干妈系列产品之所以能够成为爆款产品，是因为其核心逻辑是陶华碧坚持把品质做到极致，即使自己遭受损失，也要坚持品质第一。

在老干妈的发展中，也曾有过一些合作伙伴和厂家为了私利或其他目的，在给老干妈供货时，使用问题原料。陶华碧发现后，毫不犹豫地停止生产，不顾损失，坚持要使用合格的原料。

有一次，由于老干妈辣椒酱供不应求，很快就销售断货，在急需豆豉原料的情况下，陶华碧打电话给重庆的一家豆豉酿造厂，让其尽快运送10多吨豆豉到贵阳。由于是"等米下锅"，检验员收货时没有像平时检查得那么仔细，结果供货商在运送豆豉时，把质量好的部分摆放在最外层，里层的豆豉竟然都"馊"了。

按照不负责任的做法，这批豆豉经过特殊处理后，仍然可以使用，但是口感会差一些。陶华碧发现问题原料后，坚持退货，宁可停产也绝不糊弄消费者——老干妈因原料短缺而被迫停产两天。

陶华碧哪怕停产也要退货的做法传开后，消费者深受感动，老干妈辣椒酱的销售更为火爆。而重庆的那家豆豉酿造厂却因为提供问题原料，顿时成了"千夫所指"的过街老鼠，在同行业的信誉一落千丈。可以说，正是陶华碧坚持把品质做到极致的匠人精神，成就了今天的老干妈。

过硬的产品品质

20多年来，无论消费者在何时、何处、何地够买，老干妈辣椒酱的味道始终如一，这种高度稳定的产品品质自然具有一般企业难以企及的竞争力。正是因为老干妈坚持品质稳定，赢得了餐饮渠道的青睐。

这样的观点得到广东省深圳市一家贸易有限公司李经理的认可。据李经理介绍，1998年起，李经理就开始作为老干妈的一名经销商推广老干妈辣椒酱。

回忆过去十几年，李经理对老干妈产品的品质赞不绝口。李经理回忆道："（1998—2006年）那是飞速发展的8年，我每年的销售额都是以百分之百的速度增长，所以那时虽然我只做老干妈这一个品类，我也不愁没钱赚。"[1]

李经理的观点间接地印证了老干妈公司官网发布的数据。数据显示：1998年，老干妈的产值达到5014万元。1999年，老干妈的产值就突破亿元，达到1.26亿元。2006年，老干妈的产值达到12.8亿元。8年间，老干妈的产值增长了25倍。如果以2012年33.7亿元的产值计算，老干妈14年间的产值更是增长了67倍。[2]

老干妈之所以能够获得如此快速的增长，李经理给出了答案。李经理直言，老干妈过硬的品质赢得了顾客的认可。原因有二：第一，在过去十余年间，老干妈基本上没有发生质量安全事件，在市场上积累了良好的口碑；第二，老干妈渠道拓展有术，大到超市，小到街边小店，老干妈都有铺货，产品不愁卖再加上渠道好，就产生了规模效应。

鉴于此，要想成为一名老干妈的经销商就有一定的难度。李经理介绍说道："要成为它的经销商，你的现金流要好，因为老干妈从创业之初到现在，

---

[1] 杨晶，曾新达."老干妈"：小辣椒做成大产业［N］.第一财经日报，2013-02-05.
[2] 杨晶，曾新达."老干妈"：小辣椒做成大产业［N］.第一财经日报，2013-02-05.

一直进行现款现货交易，基本上不赊账，而且老干妈从不退货，你货多了卖不出去，是无法退给老干妈厂家的，都得自己消化，除非产品有质量问题。不过，所幸的是老干妈的货物不愁卖。"

在李经理的努力下，老干妈在深圳是"入得厨房，出得厅堂"，从超市到街边小店，都可以买到老干妈。《第一财经日报》披露，截至2013年2月，老干妈已在北京、上海、广州、武汉、长沙等全国65个大中城市建立了省级、市级的代理机构。[1]

反观不少企业，在某段时间内、几个区域内把品质做好并非难事，但是难以长期保持。这样的不稳定就难以维护消费者的忠诚度和产品的美誉度。

基于老干妈产品的众多菜品在很多餐厅饭店随处可见，很多企业也想推出同类跟随产品，但是餐饮对产品口味的稳定性要求更高，常常因为更换调味品，造成菜品口味波动，无法保证菜品口感。

陕西广播电视台"都市快报"频道就曾报道过类似的事情。2014年4月14日晚上，申先生宴请朋友去海底捞火锅西关店就餐。在调配蘸料的过程中，申先生就尝出了料台上的"老干妈"味道有点不太对劲，觉得他们用的辣酱产品并非老干妈所生产。

随后，申先生和朋友询问该店当日值班的夜班经理，经理一再坚持海底捞火锅西关店使用的就是老干妈品牌的豆豉酱，并声称他们的老干妈牌辣椒酱是袋装的。

听完经理说该店使用的是袋装调料，申先生更加坚信海底捞火锅西关店里的"老干妈"调料不是贵州老干妈生产的产品。申先生之所以这么肯定，是因为他不仅仅是海底捞火锅西关店的常客，还是老干妈陕西省的代理商。申先生说："我们公司从来没有生产过袋装（辣椒酱）食品，拿别的产品冒充老干妈，对我们的品牌是一种伤害。"

---

[1] 杨晶，曾新达．"老干妈"：小辣椒做成大产业［N］.第一财经日报，2013-02-05.

随后，陕西广播电视台"都市快报"频道记者来到了申先生所在的西安昕宇商贸有限公司，见到了他们和老干妈签订品牌的代理协议，证实了申先生代理商的身份。2014年4月15日，陕西广播电视台"都市快报"频道记者再次来到申先生就餐的海底捞火锅西关店采访时，此前料台上"老干妈"的调料牌已经改成了风味豆豉。

海底捞西关店贾经理解释说："经过了解之后，我们才知道在贴标牌的时候把标牌贴错了，让顾客误认（为是老干妈辣椒酱）了，发现之后，我们立即通知技术部门把所有的标签（都）更换了。"

至于老干妈的调料牌张贴了究竟有多长时间，贾经理自己也不清楚。对于海底捞火锅西关店的这种做法，周律师称："海底捞工作人员这种说法在法律上是没有依据的，海底捞的行为已经构成了侵权行为。对商标所有权人构成了侵权，商标所有权人可以向当地工商管理部门投诉解决，也可以向当地法院提起诉讼，依法维权。"

这个案例足以说明，老干妈稳定的口感让消费者能够清楚地辨认。与老干妈合作多年的上海美宝食品有限公司总经理姜袁芝介绍，自己可以称得上是最早的一批经销老干妈辣椒酱产品的代理商。在姜袁芝的记忆中，老干妈的风味从来没有丝毫的改变。姜袁芝坦言："**老干妈是一家实实在在做产品的企业，不会因为成本、原料等外在因素而改变对于产品品质的专注。**"

姜袁芝因此认为，老干妈辣椒酱最大的特色就是产品的风味。对于老干妈的成功，姜袁芝补充说道："**我们是从1998年开始与老干妈合作的，可以说我们的发展历程也是老干妈的发展历程。在多年的合作过程中，有几个方面的印象很深刻。首先是产品的品质，可以说是数十年如一日，这也是老干妈能够达到目前市场影响力的一个重要原因；其次是企业的发展理念并不浮躁，不像其他企业一样不断地开发新的领域，进入其他行业寻求发展，正是因为这样的理念，才保证了老干妈产品优秀品质的延续；最后，老干妈在市场管理上的管控方式也保证了老干妈在消费市场的有序、快速增长。目前，**

老干妈在全国市场根据区域划分，已经建立6个经销商峰会组织，通过这一组织的自发性和制度，也保证了经销商之间、厂商之间信息交流的顺畅。目前，老干妈的销售增长仍然保持在20%左右，这不得不说是快消品领域中最值得关注的亮点。"

销毁全部漏油产品

2001年，一家玻璃制品厂给老干妈公司提供了800件（每件32瓶）玻璃瓶。老干妈公司装上辣椒酱刚铺货到经销商处，就有客户反映："有的瓶子封口不严，有往外漏油现象。"

一直盯住老干妈的竞争者，以此为契机攻击老干妈的产品质量问题。作为老干妈最高决策者的陶华碧，第一时间知道此事后，十分清楚问题的严重性，她要求相关部门迅速查处此事。

相关管理人员向陶华碧建议说："可能只是个别瓶子封口不严，把这批货追回重新封口就行了，不然损失就太大了，这可是800件货呀！"

陶华碧当即否定了相关管理人员的意见，坚决地说："**不行！这事关公司的信誉！马上派人到各地追回这批货，全部当众销毁，一瓶也不能漏掉！损失再大，也没有比在市场上失信的损失大！**"

在陶华碧的督战下，老干妈召回所有涉事问题产品。虽然这使老干妈公司损失巨大，但却让消费者看到了老干妈信守质量的决心，坏事变成了好事。

为了确保老干妈的产品质量，本着对消费者负责任的态度，陶华碧甚至宁愿辜负亲情也在所不惜。

有一次，陶华碧的亲妹妹从遵义市湄潭县采购了一车干辣椒送到贵阳，满怀期望地销售给自己的姐姐。然而，经过质量检验，某项指标不符合用料标准，陶华碧当即要求原车退回。

这也从侧面洞察到陶华碧对产品品质的坚守。关于质量管理，任正非曾告诫华为人说道："市场部去国外考察，他们报告，国外企业十分重视员工培训，他们将在一两年内，通过员工现场报告，将工作水平提高到国际水平。我十分高兴。希望每一个部门都认真对待这个问题。我们生存下去的唯一出路是提高质量，降低成本，改善服务。否则十分容易被外国垄断集团一棒打垮。我走过许多国家，考察过众多的工厂，无一不对资本主义国家的员工的敬业精神所感动。我多次在员工教育会上讲过，我们要赶超发达的资本主义国家，就应向他们学习长处……如果，我们的员工素质不高，培训不严，因经验不足，处理不当，造成全网瘫痪，这是多么可怕的局面。因此，从难从严，从实际出发，各级组织加强员工培训，是一项长期的艰巨任务。"[1]

在任正非看来，要想赢得客户的认可，就必须重视质量管理，否则就会被客户淘汰掉。20世纪90年代，华为还处于生存和发展阶段，但是却并未忽略质量管理。在《华为公司基本法》中就有关于质量管理的内容："我们的目标是以优异的产品、可靠的质量、优越的终生效能费用比和有效的服务，满足顾客日益增长的需要。质量是我们的自尊心。"

把质量管理写进《华为公司基本法》，是因为质量关乎华为的生存和发展。在内部讲话中，任正非告诫华为人说道："我们决不能为了降低成本，忽略质量，否则那是自杀，或杀人。搞死自己是自杀，把大家都搞死了，是杀人。"

任正非还举例说："韩国航空公司的班机降落时已经发生事故，几分钟后就发生爆炸。而在该机组空姐的疏导下，两分钟内全体人员撤离飞机。最后一名空姐检查完确认机上已无人后跳出机舱，这时飞机已陷入大火之中，旋即，连串的爆炸开始。"[2]

鉴于此，华为积极地引入ISO9000质量标准。在华为的早期阶段，发展

---

[1] 任正非.从二则空难事故看员工培训的重要性[N].华为人报-11：3版，1994-12-25.
[2] 任正非.从二则空难事故看员工培训的重要性[N].华为人报-11：3版，1994-12-25.

态势高歌猛进，发展速度达到平均每年200%增长。除了技术提升外，能否在较短时间内提高管理水平已成为华为亟须解决的问题。

要想缩小甚至扭转与思科、朗讯、NEC、北电等跨国企业间的差距，华为必须强化两手准备：一是通过强化和提升服务管理弥补产品质量的短板；二是构建规范和完善的产品质量管理体系。

1993年6月10日，任正非正式宣布，华为成立ISO9000标准推行小组，打算突击270天达到"ISO9000标准——生产和安装的质量保证模式"的要求。[1]

为了推行ISO9000标准，华为耗费巨资聘请香港优质管理中心（*TQM Center Ltd.*）担任执行顾问。

1993年6月10日，香港优质管理中心相关人员及深圳市技术监督局相关人员在华为的邀请下驻扎华为，指导华为推行ISO9000标准。

根据实际情况，华为选择了ISO9002标准，而不是ISO9001标准。二者的区别是，ISO9001标准包含设计、开发、生产、安装和服务的质量保证模式；ISO9002标准不包括设计、开发。

华为选择ISO9002标准，一个重要的原因就是有序推进。一是推行ISO9002标准涉及华为生产工程部、制造部、品质部、物料部、市场部、人事部及文件中心等部门；二是华为推行的质量管理体系必须稳中求进，并非盲目激进。直到1994年后，华为才正式把开发部也纳入其中，逐步地达到ISO9001标准要求。

如今升任华为监事会主席的郭平在1993年5月28日的《华为人报》上撰文写道："品质部是产品质量领域的职能部门，其职能包括品质检验、品质管制、品质保证等方面的工作。下辖进料检验（IQC）室、工作序检验（PQC）室、最终检验（QA）室、仪器计量室和品质工程（QE）室，现有人员40人。品质部代表公司成为中国电子质量管理协会、深圳市标准化协会等机构的团

---

[1] 李华.公司推行ISO9000的计划［N］.华为人报：第2版，1993-07-21.

体会员，并与香港TQM中心等建立了良好联系。"[1]

郭平回顾了近一年的质量管理带来的成果："品质部初步建立了从原材料入库、外协加工、半成品、成品至发货装箱全生产过程的质量保证体系，承担了仪器仪表的维护、维修、计量等工作，并运用统计技术来控制生产过程的质量。本着'中间突破，两头延伸'的策略，今年品质部逐渐将工作范围拓展到设计和使用服务中，QE室积极组织生产问题攻关，设计质量反馈和产品定期鉴定等工作，并与维修中心一道进行了市场故障率统计、故障帕雷托图分析等工作，力争建立一个包括设计质量、制造质量和使用维护质量的品质保证体系。"[2]

在《华为公司基本法》第七十八条中写道："优越的性能和可靠的质量是产品竞争力的关键。我们认为质量形成于产品寿命周期的全过程，包括研究设计、中试、制造、分销、服务和使用的全过程。因此，必须使产品寿命周期全过程中影响产品质量的各种因素始终处于受控状态；必须实行全流程的、全员参加的全面质量管理，使公司有能力持续提供符合质量标准和顾客满意的产品。我们的质量方针是：（1）树立品质超群的企业形象，全心全意地为顾客服务。（2）在产品设计中构建质量。（3）依合同规格生产。（4）使用合格供应商。（5）提供安全的工作环境。（6）质量系统符合ISO 9001的要求。"

《华为公司基本法》提到，全面质量管理起源于美国。1951年，通用电气公司全球生产运作和质量控制主管阿曼德·费根堡姆（Armand Vallin Feigenbaum）提出"全面品质管制"（Total Quality Contro，简称TQC）概念，试图把品质保证范围由制造流程扩大到从产品设计、研发、制造，直到销售的各个环节中，费根堡姆由此被管理学界视为全面质量管理的创始人。

1955年，日本科学技术联盟（Japanese Union of Scientists and Engineers，

---

[1] 郭平.华为的品质管理[N].华为人报，1993-05-28.

[2] 郭平.华为的品质管理[N].华为人报，1993-05-28.

简称JUSE）邀请质量管理专家约瑟夫·莫西·朱兰（Joseph M.Juran）教授到日本召开中高级管理者专题研讨会，指导"全面品质管制"。

20世纪60年代初，美国企业也在积极地探寻新的管理范式。其中，一些管理者按照行为管理科学理论的指导，在企业质量管理中开展了"零缺陷运动"（Zero Defects）。此阶段，作为美国主导改造下的日本企业，也在接受来自美国的管理范式，在工业企业中开展品质圈（Quality Control Circle，QCC）活动，全面质量管理运动在日本企业中迅速地推展开来。

改革开放后，中国企业开始重视产品质量的提升，其中有代表性的人物就有海尔张瑞敏。1985年，张瑞敏上任厂长不久之后，竟然收到一封消费者写给厂长的信。信中说，该消费者要买一台冰箱，结果挑了很多台冰箱都存在质量问题，最后，不得已才勉强地购买了一台。

张瑞敏检查了库房里的400多台冰箱之后，竟然发现有76台冰箱存在不同程度的问题，不合格率达到19%。

面对这样的问题，张瑞敏不得不把工人召集到车间，来解决质量问题。

有的职工认为，既然产品不影响使用，干脆便宜点处理给工人。在当时，冰箱的售价是每台800元，相当于一个职工两年的收入。

面对职工的提议，张瑞敏拒绝了。张瑞敏的处理意见是，既然冰箱出现了问题，那就把问题冰箱全部砸掉，谁生产的谁来砸。

作为该厂的负责人，张瑞敏自己也有责任，领头砸了第一锤。就这样，职工们把76台问题冰箱都砸烂了。

在中国企业界，张瑞敏"砸冰箱事件"几乎家喻户晓，但是却不了解该事件的时代背景。在当时，中国企业针对产品质量的确定标准，通常是一等品、二等品、三等品、等外品，甚至还有处理品几类。按照这样的产品等级标准，生产的产品只要还能转、还能用，依旧可以投放市场。正是因为这样的产品等级标准，导致当时的工人没有什么产品质量意识。

质量管理专家菲利浦·克劳士比（Philip Crosby）坦言："酿成错误的因

素有两种,缺乏知识和漫不经心(责任心)。"

为了树立"有缺陷的产品就是废品"的管理思维,张瑞敏决定砸掉当时库房中76台瑕疵冰箱,同时也是向职工宣誓,绝对不能生产缺陷产品。

在砸之前,张瑞敏吩咐职工,每一台瑕疵冰箱贴上详细的缺陷问题、流程管理中的职工姓名。谁生产的,就由谁来负责砸掉。

当职工含泪看着张瑞敏带头砸向自己生产的、有缺陷的76台冰箱后,受到了极大震撼和冲击,进而对"有缺陷的产品就是废品"有了刻骨铭心的感悟和认知,同时也对"质量就是饭碗"有了更深的理解。

多年后,张瑞敏回忆当年的砸冰箱事件说道:"我首先要求所有的人都来参观,然后要求谁做的这个冰箱谁自己把它砸了。许多老工人都流泪了,因为那时候,工人都开不出工资。我到这个工厂来时,一开始的几个月,都是到农村生产大队去借钱。借到第四个月份,人家怎样也不肯借给我们了。就在这种情况下,我说即使我们明天没有钱也必须把它砸了,因为如果我们放行了这些产品,就是放松了质量意识。"

此刻的张瑞敏,并没有把企业管理仅仅停留在"对责任人进行经济惩罚"这一传统手段上,而是充分地利用此次砸冰箱事件,将"有缺陷的产品就是废品"的质量管理思维渗透到每一位职工的血液中,再将其外化为制度,构造成为其质量管理的机制。

在此后的一个多月时间里,张瑞敏再次发动和主持了一个又一个有关"有缺陷的产品就是废品"的产品质量会议。会议的主题集中在如下几点:

我这个岗位有质量隐患吗?
我的工作会对质量造成什么影响吗?
我的工作会影响谁?谁的工作会影响我?
从我做起,从现在做起,应该如何提高质量?

经过此阶段的大讨论后,"零缺陷"的产品质量思维得到广泛的认同,尤其是经过深刻的内省与反思后,"有缺陷的产品就是废品"的质量管理思维得到落地。

为了有效地保证"零缺陷"产品,张瑞敏还在每一条生产流水线的最终端安排一个质检人员。当流水线生产的产品经过各个工序时,相关的质检人员会检查上一工序存在的缺陷。其后,质检人员及时地将其记录在一张缺陷条上。

根据这些记录,张瑞敏来兑现质检人员的相关工资。当产品合格率超过相关规定时,质检人员还有一份奖金。这样的措施保证了"零缺陷"相关机制制度得到执行。

从海尔的生存和发展史不难看出,海尔是凭借产品质量脱颖而出的。反观海尔的产品质量管理,张瑞敏介绍说道:"海尔发展是靠质量起家的,从原来一个资不抵债的小厂,到现在一个国际化的大公司,在质量管理方面,我们主要经历了三个阶段。"

第一阶段(1984年—1988年)。海尔在质量加强方面主要体现在从狭义的质量到广义的质量的转变。张瑞敏说道:"狭义的质量就是产品达到质量检验的标准,广义的质量是达到用户的要求。没有狭义的质量就没有广义的质量。也就是说,狭义的质量是质量管理必不可少的条件,广义的质量是狭义的质量的充分条件。我们就是先达到狭义的质量,以砸冰箱开始为标志。砸冰箱砸出的就是必须符合检验的标准。从1984年开始,一直到1988年四年的时间,我们达到了质量检验的标准,直至获得中国冰箱史上第一块金牌。从1988年到1989年,中国市场出现了较大的滑坡,那时候我们有了狭义的质量做基础,进入广义的质量,就可以更多地去研究市场,满足用户的需求。"

在质量体系构建中,张瑞敏意识到,要想提升产品的质量,就必须唤起职工的产品"零缺陷"质量意识。正因为如此,张瑞敏做了同时代一样的举动,销毁缺陷冰箱产品,此事件成为中国最大的家电公司的第一个传奇,它跟几年前鲁冠球把40多万元的次品当废品卖掉的故事如出一辙。①

面对屡屡的不合格产品，张瑞敏反思说："过去大家没有质量意识，所以出了这起质量事故。这是我的责任。这次我的工资全部扣掉，一分不拿。今后再出现质量问题就是你们的责任，谁出质量问题就扣谁的工资。"

1999年9月28日，张瑞敏在"财富"论坛上说道："这把大铁锤为海尔今天走向世界是立了大功的……海尔砸冰箱这个举动，可以说在中国的企业改革当中等同于福特汽车流水线的改革。"

事实上，"张瑞敏砸冰箱"成为这家日后中国最大家电公司之一的第一个传奇，在企业史的意义上，表明了出现于商品短缺时期的第一代企业家的自我蜕变正是从质量意识的觉醒开始的。此后的十余年，是海尔高速成长的黄金时期，张瑞敏通过引进欧洲的生产技术及日本的精细化管理模式，迅速实现了产量与质量的双重跃进。1994年，也就是在他创业的第十年，海尔冰箱产销量跃居全国第一。②

自此，"质量"两个字植入青岛冰箱总厂员工心中。三年后，该厂产品在全国评比中获得国家质量金奖。

第二阶段，海尔从国内市场管理观念到国际市场管理观念的阶段。从1989年以后，海尔确立了中国本土市场的管理观念。海尔在保证质量的基础上，研究顾客的相关需求，由此更多地把服务当成质量管理的一部分，在中国市场建立了售前、售中、售后服务体系。

随着海尔产品的出口销售，海尔从中国市场质量管理观念逐渐向国际市场质量管理观念转变。对此，张瑞敏说道："我们主要做了两点：一是整合全球的资源来解决质量问题，即五个全球化：全球化的采购、全球化的设计、全球化的制造、全球化的营销、全球化的资本运作；二是在新经济下，像波

---

① 江寒秋.张瑞敏："中国制造"的思想史［J］.齐鲁周刊，2014（37）：31-31.
② 江寒秋.张瑞敏："中国制造"的思想史［J］.齐鲁周刊，2014（37）：31-31.

特所说的原来的价值链被解体了，原因就在于你不可能使每一个步骤都增值，如果做得不如别人，就可以利用外部资源。"

第三阶段，从体系上的质保到市场链的质保。张瑞敏介绍说道："我们比较早地达到了ISO9001体系（标准）。ISO9001体系更多的是强调职能管理，更多的是静态地保证质量；现在的市场变化太快，组织结构不能停留在职能式的管理，因为它没法对市场快速做出反应。但是ISO9001体系是基础，没有这个基础不行。在体系质保的基础上，我们发展到了市场链的质保。主要是把外部市场内部化，内部员工与员工之间的关系是市场的关系，人人都有一个市场，人人都是一个市场，通过这种相互的强化和相互之间的制约，使每个人都能跟着市场来创新，最终使每一个员工都能通过创新满足市场的个性化需求。"

经过"砸冰箱事件"后，海尔生产高品质的产品已经形成消费者的共识，不仅如此，海尔职工内生的质量控制系统已经建立，从而让海尔在冰箱行业占据了不可撼动的地位。

此后，张瑞敏继续主抓全面质量管理，专注在冰箱行业的生产和研发，在同行业超规模生产、向彩电等暴利行业转型时，张瑞敏依旧深耕冰箱行业，不久，海尔率先通过ISO9001标准体系认证。

时隔多年，面对媒体的采访，张瑞敏意味深长地说道："现在想砸也不可能了，如果再出质量问题，不是那么少一点，当时只有几十台，现在动辄就是几万台啊。"

与海尔类似的是，华为的全面质量管理也得到了德国专家的鼎力支持。1997年，华为进行了一系列改造，特地聘请德国国家应用研究院（FHG）做质量管理顾问。在德国国家应用研究院顾问的指导下，华为完成21条生产线的生产工艺体系和质量控制的设计。

多年后，任正非在接受媒体采访时说道："与德国国家应用研究院合作，在它的帮助下，我们对整个生产工艺体系进行了设计，包括立体仓库、自动仓库和整个生产线的布局，从而减少了物料移动，缩短了生产周期，提高了生产效率和生产质量。同时，我们还建立了严格的质量管理和控制体系。我们的很多合作伙伴对华为生产线进行认证的时候，都认为华为的整个生产线是亚太地区最好的之一。我们还建立了一个自动物流系统，使原来需要几百个人来做的库存管理，现在降到仅几十个人，并且确保了先入先出。"

不管是任正非的引进ISO9000标准，还是张瑞敏大锤砸问题冰箱，抑或是陶华碧坚持召回并销毁问题产品，其做法异曲同工，这三家企业的产品能够被消费者认可，关键在于重视产品质量。

第三部分

成长：
工艺改进必须以顾客口感为基础

有技术，到哪里都干得好。卖米豆腐时，我做的米豆腐可以下锅炒，做辣椒调味品，也总是比别人口味独特。

——老干妈创始人　陶华碧

第6章　引领行业标准

老干妈辣味和酱香的产品优势是其他竞争者不具备的，给消费者的印象是"老干妈"与香辣酱画等号。老干妈鲜明的印象，使竞争对手难以取得突破。尽管竞争者如雨后春笋般涌现，但结果一目了然。

北京中味清云贸易有限公司总经理申健为此评价说："**我当时做的是老干妈的二级分销商，对这个企业和产品有一定了解，它在近5年时间发展迅猛，我想这跟产品本身有很大的关系。首先，我认为'辣'将成为一个市场的消费趋势。比如早期，广东一带喜欢吃辣的人是很少的，但现在广东人也开始喜欢吃辣了。实际上，人们的饮食习惯正在悄然改变，而辣椒酱的市场潜力也将越来越大。可以说老干妈一早就抓住了这样的一个消费趋势，而我们公司也从2004年、2005年就开始代理与辣相关的调味制品。其次，老干妈的酱味做得恰到好处，不像其他企业一味强调'酱香浓郁'。我认为，反而是没有酱味或酱味很小的产品才更容易被市场接受。此外，老干妈的价格体系也是和消费市场相匹配的。最开始老干妈定价就紧跟同行价位，而随着人民生活水平的提高，它在完善产品的同时，也制定出了与消费水平相适应的产品价格，这样不仅保证了经销商的利润，也容易被消费市场接受。**"

在申健看来，老干妈的香辣才是赢得消费者认可的关键。我们在对消费者的研究中发现，老干妈的印象十分深刻地影响着消费者。

提供极致的口感体验

在很多年前，陶华碧率先采用产品核心战略下的极致用户体验策略推广辣椒酱。究其原因，豆豉是发酵产品，属于复合口味，恰到好处的豆豉产品，给人丰富的口感，也在餐饮菜肴中被广泛应用，其他企业不是不想跟随，主要是达不到老干妈对豆豉产品口感的把握。

事实证明，食品之争，最重要的是口味之争，口味之争首先是抢占最大众化的口味。陶华碧很好地平衡了辣和香，创造性地培养了成千上万的消费者，让越来越多的消费者慢慢地接受，以至于很多消费者一段时间不吃老干妈辣椒酱，就会非常惦记辣椒酱的辣味和酱香。

1989年，创业之初的陶华碧经营凉粉和冷面。为了更好地招揽回头客，在当时，陶华碧特地制作了一种麻辣酱，在销售凉粉时作为佐料。结果，食客络绎不绝，生意十分兴隆。

当陶华碧一如既往地经营时，事情却有了些许变化。一天早晨，长期劳累过度的陶华碧起床后感到头晕得很厉害，就没有像往常一样去菜市场购买辣椒。

在陶华碧看来，拌凉粉的佐料有好几种，缺少麻辣酱也不会影响生意。让陶华碧没有想到的是，顾客前来吃凉粉时，发现没有特制的麻辣酱，居然闷闷不乐地离开了。

陶华碧对此困惑不已："怎么会这样？难道来我这里的顾客并不是喜欢吃凉粉，而是喜欢吃我做的麻辣酱？难道我这个小店生意兴隆，也是因为有这种麻辣酱的缘故不成？"

这件事对陶华碧的影响很大，从此陶华碧潜心研究起来……经过几年的反复试制，陶华碧制作的麻辣酱风味更加独特了。不仅引来了许多食客，一些食客吃完凉粉后，居然又掏出钱来购买一点麻辣酱带回去，甚至有人不吃凉粉却专门来买麻辣酱。

与做多少都不够卖的麻辣酱相比，陶华碧的凉粉生意就显得差强人意了。陶华碧心里又纳闷了："麻辣酱充其量只是一种食品佐料，这些人买这么多回去，吃得完吗？"

为了弄个明白，陶华碧开始寻找其中的原因。一天中午，陶华碧的麻辣酱如往常一样很快地销售完后，吃凉粉的客人就一个也没有了。陶华碧关上店门，想出去看看别人的生意怎样。

然而，陶华碧走了10多家卖凉粉的餐馆和食摊后，却发现人家的生意都非常红火。仔细一看，原来这些店里用的佐料就是从陶华碧那里购买来的麻辣酱。正是这次调查，陶华碧发现了辣椒酱的巨大潜在商业价值，从而萌生了为用户创造极致口感体验的想法。

这种为消费者提供极致用户体验的经营理念，成为陶华碧朴实的经营思想最好的理论注脚，同时也是陶华碧特立独行的本钱。

为了给消费者提供极致的用户体验，陶华碧多次改良辣椒酱产品，同时还不断优化供应链。这使得老干妈拥有一条制作和销售辣椒酱的最优产业链，保证了产品的质量，保证了企业的利润，又能提升行业的准入门槛，阻击竞争者的无序进入。

事实证明，低价而美味的老干妈赢得了用户的认可，其口碑在"病毒式"传播中传递着贵州辣酱的舌尖风味；我们欣赏陶华碧那般追求产品极致的匠人态度，也佩服陶华碧这样更关注"极致"用户体验的做法。因为在当下，只有"极致"的用户体验，才能真正地建立行业壁垒，不断把企业做强做优做大。

根据《2020年中国辣椒酱行业发展现状分析：老干妈创始人回归，营收再创新高》数据显示，老干妈牌辣椒酱，中国消费者家喻户晓。因为其独特风味，甚至已走出国门，到达北美、东南亚、日本、韩国等地。2020年，贵阳南明老干妈风味食品有限责任公司营业收入达54亿元，同比增长7%，见图3-6-1。

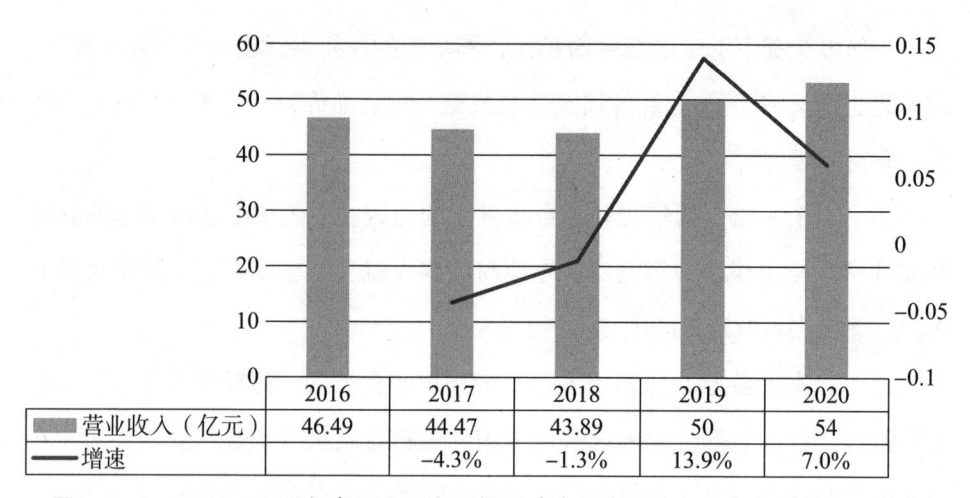

年份	2016	2017	2018	2019	2020
营业收入（亿元）	46.49	44.47	43.89	50	54
增速		-4.3%	-1.3%	13.9%	7.0%

图3-6-1　2016—2020年贵阳南明老干妈风味食品有限责任公司营业收入及增速

陶华碧在为消费者提供极致体验的过程中，始终如一的味道与相对便宜的定价相结合，在满足客户极致体验的同时，也让用户的舌尖欲罢不能。

当我们梳理中国企业家发展史后发现，当初创企业的产品占领一定市场之后，往往就开始大肆降低产品成本，而所谓降低产品成本，往往是在产品原料和工艺上投机取巧。一次微小的调整可能大部分消费者觉察不到，但是长时期产品品质的疏忽，最终必然导致产品一落千丈。可以肯定地说，在老干妈的初创时期，许许多多的竞争对手并不是被老干妈打败的，主要还是被自己打败了。

正如唐代诗人杜牧在《阿房宫赋》写道："呜呼！灭六国者，六国也，非秦也。族秦者，秦也，非天下也。嗟乎！使六国各爱其人，则足以拒秦；使秦复爱六国之人，则递三世可至万世而为君，谁得而族灭也？秦人不暇自哀，而后人哀之；后人哀之而不鉴之，亦使后人而复哀后人也。"

一流的企业做标准

据了解，辣椒酱有两种制法：水制和油制辣椒酱。所谓水制是用水和辣椒经过加工制成，与油制相比，不易保存。所谓油制是用油菜油、大豆油和辣椒经过加工制成，呈鲜红色，上层浮着一层油菜油、大豆油，这样的做法在贵州较为普遍，容易保存。

老干妈向消费者灌输的产品始终是老干妈辣椒酱，专一而持续的终端传达，有效地把老干妈辣椒酱的固定印象传递给消费者，最终形成老干妈与香辣酱画等号的高度融合，使之成为消费者记忆性的首选品牌，最终形成了消费者的固定印象。老干妈在全国各地、市覆盖率已达到90%以上，市场的单纯性增长几乎接近极致，其品牌早已深入人心。[①]

对比发现，老干妈辣椒酱的特点有二：

（1）老干妈辣椒酱的主要成分就是"豆豉+油炸辣椒"，如今已经成为行业标准。

陶华碧研发的老干妈辣椒酱，"黔"的特征较重，日常的豆豉加油炸辣椒的调配佐餐方法遍及千家万户，早已存在。虽然这种做法并非陶华碧原创"发明"，她却从中"发现"了"豆豉+油炸辣椒"的独特口感。

在免费赠送中，陶华碧根据该产品得到的满意度判断，最终认为，该产品具有较好的市场潜力，因此下定决心扩大规模生产。在生产辣椒酱产品时，以"豆豉+油炸辣椒"为基础。

（2）产品香味浓郁，油多，成为打不破的惯例。

老干妈辣椒酱是遵义地区糍粑辣椒的改进版，经过多次改进，形成了以"浓香"为突出重点，油多为特征，"微辣"和"适口咸"为辅助的稳定的"口味铁三角"。

当竞争者在模仿生产老干妈辣椒酱产品时，其风味佐餐酱在口味的调配上，近乎都是遵循这种组合进行辅助调整。正因为如此，老干妈凭借自己的

---

① 陈子萍.坚守不上市的"老干妈"赢得掌声 2020年辣椒酱行业市场规模将达400亿，[EB/OL]，2018-02-17. https://www.qianzhan.com/analyst/detail/220/180217-f942289b.html.

产品标准优势取得了较高的市场认知度和影响力。

来自《2020—2025年中国辣椒酱行业市场前景及投资机会研究报告》数据显示，老干妈牌辣椒酱，中国消费者几乎无人不晓。因为其独特风味，老干妈已成为人们日常饮食中常用的调味酱料。目前，老干妈品牌辣椒酱也最受消费者的喜爱，其占据着中国辣椒酱市场约五分之一的份额。

老干妈作为辣椒酱领域中的"霸主"，2016年销售额达到46亿元，占据市场第一位，占消费者选择比率的20.5%，其后是李锦记的9.7%、辣妹子的9.2%，见图3-6-2。

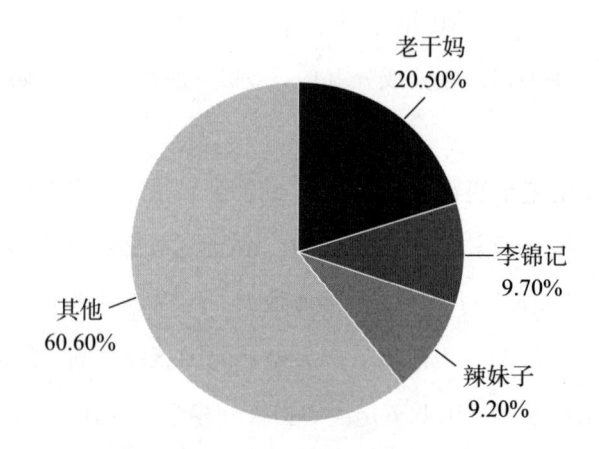

资料来源：陈子萍，坚守不上市的"老干妈"赢得掌声 2020 年辣椒酱行业市场规模将达 400 亿，2018.

图3-6-2　老干妈在中国辣酱行业市场占比

在区域市场上，老干妈的产品销售依旧独占鳌头。来自智妍咨询《2014—2019年中国辣椒酱市场竞争格局与发展前景研究报告》数据显示，在华东区域市场，老干妈的市场占有率为36.55%，见表3-6-1。

表3-6-1　中国辣椒酱行业品牌产品华东区域市场渠道情况

	华东重点区域省市分布	市场份额
老干妈	上海、江苏、浙江、福建	36.55%
花桥.桂林辣椒酱	上海、江苏、浙江	15.01%

续表

	华东重点区域省市分布	市场份额
饭扫光	上海、山东、安徽	8.85%
海南黄灯笼辣椒酱	江苏、山东、福建	8.02%
阿香婆辣椒酱	上海、浙江、山东	6.75%
户户辣椒酱	安徽、福建	6.43%
李锦记	上海、江苏、浙江	5.58%
美乐牌香辣酱	江苏、浙江、福建	2.71%
辣妹子辣椒酱	上海、江苏、福建	2.18%
小康牛肉酱	福建、山东、安徽	1.66%
其他		6.26%

资料来源：智妍咨询.2014—2019年中国辣椒酱市场竞争格局与发展前景研究报告, 2018.

从表3-6-1可以看出，在华东市场，老干妈占据近4成的市场份额。然而，在中南市场，老干妈同样占据更高的37.68%的市场份额，见表3-6-2。

表3-6-2 中国辣椒酱行业品牌产品中南区域市场渠道情况

	中南重点区域省市分布	市场份额
老干妈	广东、湖北、湖南	37.68%
花桥.桂林辣椒酱	广东、广西、海南	16.53%
饭扫光	湖北、河南、广东	6.37%
海南黄灯笼辣椒酱	海南、广东、湖北	6.12%
阿香婆辣椒酱	河南、湖北、广东	5.85%
户户辣椒酱	广东、海南、湖北	5.34%
李锦记	广东、湖南、湖北	5.28%
美乐牌香辣酱	河南、湖北、湖南	2.85%
辣妹子辣椒酱	湖南、广东、广西	2.38%
小康牛肉酱	河南、海南、广东	2.12%
其他		9.48%

资料来源：智妍咨询.2014—2019年中国辣椒酱市场竞争格局与发展前景研究报告, 2018.

而在华北市场，老干妈的市场占有率达到39.31%，见表3-6-3。

表3-6-3　中国辣椒酱行业品牌产品华北区域市场渠道情况

	华北重点区域省市分布	市场份额
老干妈	北京、天津、河北	39.31%
花桥.桂林辣椒酱	北京、天津、河北	17.47%
饭扫光	北京、内蒙古、山西	6.16%
海南黄灯笼辣椒酱	北京、天津、河北	6.02%
阿香婆辣椒酱	北京、天津、山西	5.18%
户户辣椒酱	北京、天津、河北	5.01%
李锦记.	北京、天津、河北	4.23%
美乐牌香辣酱	北京、天津、河北	2.78%
辣妹子辣椒酱	北京、天津、河北	2.24%
小康牛肉酱	北京、天津、河北	2.07%
其他		9.53%

资料来源：智妍咨询.2014—2019年中国辣椒酱市场竞争格局与发展前景研究报告，2018.

在西部地区，尤其是四川、贵州、陕西，辣椒品牌竞争异常激烈，但是我们研究发现，老干妈的市场占有率竟然达到34.38%，占据绝对的竞争优势，见表3-6-4。

表3-6-4　中国辣椒酱行业品牌产品西部区域市场渠道情况

	西部重点区域省市分布	市场份额
老干妈	四川、贵州、陕西	34.38%
花桥.桂林辣椒酱	四川、贵州、陕西	17.14%
饭扫光	四川、陕西、青海	7.60%
海南黄灯笼辣椒酱	陕西、青海、新疆	6.61%
阿香婆辣椒酱	陕西、青海、宁夏	5.57%
户户辣椒酱	四川、陕西、青海	5.20%
李锦记	四川、陕西、新疆	4.40%

续表

	西部重点区域省市分布	市场份额
美乐牌香辣酱	陕西、青海、宁夏	3.20%
辣妹子辣椒酱	陕西、陕西、宁夏	2.05%
小康牛肉酱	陕西、青海、宁夏	1.96%
其他		11.89%

资料来源：智妍咨询.2014—2019年中国辣椒酱市场竞争格局与发展前景研究报告，2018.

老干妈不仅在产品标准上引领行业前行，在外观设计方面也同样等同于行业标准。在超市和百货店，辣椒酱的玻璃瓶几乎一模一样，老干妈的玻璃瓶型就是整个辣椒酱行业的标准瓶型，见图3-6-3。

图3-6-3　老干妈辣椒酱玻璃瓶外观设计[①]

老干妈辣椒酱的玻璃瓶型沿用了较长时间，几乎没改变过。主要是陶华碧一直坚持成本领先观念，在采用玻璃瓶时也坚持这样的观念。为了倚傍老干妈，很多跟随者自然没有明显的变化，与老干妈辣椒酱的玻璃瓶高度相似，见图3-6-4。

---

① 图片来源：老干妈官网.

图3-6-4　老干妈官网显示的玻璃瓶子外观设计①

在老干妈的外包装上,"陶华碧"的头像瓶贴也成为辣椒酱行业的统一标准。有的竞争者换一个头像,有的换上卡通形象……这足以说明"陶华碧"的头像瓶贴不仅成为瓶装酱类制品的标准构图模式,还成了调味品行业的标准模式。见图3-6-5。

图3-6-5　"陶华碧"的头像瓶贴②

---

① 图片来源：老干妈官网.
② 图片来源：老干妈官网.

第7章　产品改良

由于历史原因，缺乏知识成为陶华碧自身的短板。不过，在技术类创业中，支撑企业发展的关键，往往不是学历，而是核心技术。如同陶华碧有底气地介绍自己曾经做过的产品："我没有文化，就一心研究技术，有技术，到哪里都干得好。"

调研发现，川渝地区主要是偏向麻辣，湖南地区主要偏向于鲜辣，而贵州地区主要是偏向香辣。由于食辣的倾向不同，导致了食辣地区所生产的产品风味迥然不同。

陶华碧经过潜心研究和探索，在千百次的产品实验之后，她把老干妈辣椒酱做得更加香辣可口。"香辣结合"的老干妈辣椒酱得到了消费者的一致认可。

应需而变，改进生产工艺

老干妈作为一家传统的食品企业，要想基业长青，并成为一个知名的百年品牌，首要的任务就是解决产品的质量问题和加工工艺问题。这两方面，老干妈都做到了。

2021年5月，李鑫在接受《贵阳日报》采访时说道："我们一直坚持创新发展，走农业产业化、现代化发展之路。"

在李鑫看来，充分发挥科技创新主体作用，持续提高农产品和食品的生产供给能力，让"老干妈"的规模越做越大。在提升核心竞争力方面，老干妈用"创新"练就生产力，形成以物联网为基础，信息化与智能化结合的现代化生产线，实现从原材料生长、采摘、挑选，到产品深加工、包装等流程一体化管理。①

李鑫介绍说道："去年（2020年）我们在贵定新建的生产线已经投入使用，信息化、智能化接近国际同类先进水平。"

提及加工工艺，让我们想到了同仁堂的"炮制虽繁必不敢省人工，品味虽贵必不敢减物力"制药理念。在中药行里，手工操作的前处理环节行话叫作"炮制"，主要包括对中药材的修拣、清洁、烘干、蒸炒炙煅等工艺。而这，恰恰是中医药制作工艺的关键所在。②

小米创始人雷军高度评价说："**同仁堂已经有340（多）年历史，历经朝代的变革、无数的冲击能活下来，跟它的古训是密不可分的，就是'炮制虽繁必不敢省人工，品味虽贵必不敢减物力'，我简单理解这句话就是真材实料，再往下更简单说就是诚信。当然小米现在面临各种质疑和批评比较多，但是我坚持一条就是真材实料，而且我在公司大会上强调，如果小米将来要成功，最重要的一条就是永远坚持真材实料。**"

在辣椒酱行业，陶华碧与雷军一样坚持真材实料的经营理念。在创业初期，为了让辣椒酱口感更好，陶华碧经常亲自上阵，事必躬亲地做示范。陶华碧在接受媒体采访时说："**就这么干，什么事情都亲力亲为。**"

当时的生产都是手工操作，其中捣麻椒、切辣椒时溅起的飞沫把眼睛辣得不停地流泪，工人们都不愿干这活。陶华碧就亲自动手，她一手挥着一把

---

① 樊成琼. "老干妈"的发展之道［N］. 贵阳日报，2021-05-03.
② 刘宇鑫. 同仁堂中药炮制技艺计划申遗［N］. 北京日报，2013-03-27.

菜刀，嘴里还不停地说："我把辣椒当成苹果切，就一点也不辣眼睛了。"

员工听了，都笑了起来，纷纷拿起了菜刀……在创业的初期，作为创始人的陶华碧身先士卒，带领员工拼命地干，结果累得患了肩周炎，十个手指的指甲因搅拌麻辣酱全部钙化了。

正是陶华碧对产品极致加工工艺的坚守，在注重大众口味的同时，在用料、配料、工艺拿捏上都十分考究，为老干妈辣椒酱的畅销打下坚实的基础，也是提升老干妈辣椒酱做强、做大的核心优势。正是这考究的工艺——"浓香、微辣、适口咸"，赢得了消费者的认可，成为中国人最喜欢的民间本味，也成为消费者追捧的快销品。

随着消费者需求的变化，老干妈也在积极地改进生产工艺。刘涛介绍说道："老干妈坚持以创新求发展，从技术工艺、生产流程、产品研发设计等方面不断优化和创新，现各生产流程已实现了自动化、智能化，且每年保持开发1—3个新产品，已开发出了西红柿辣椒酱、辣子鸡、糟辣鱼等近10个新产品。同时，老干妈依托上下游产业链，通过产业带动、就业扶持、结对帮扶等方式，在贵州省各市县建立辣椒、生姜等原材料基地，每年带动约18万农户增收脱贫，吸收招聘农村剩余劳动力5000余人，助力贵州脱贫攻坚。"[1]

不可否认的是，陶华碧能够坚守传统的加工工艺，与贵州当地的尊重匠人文化有关。在贵州，人们修建新房时，会隆重祭祀祖师鲁班；春节后开张营业的铁匠，也会祭祀祖师太上老君……在发展相对缓慢的贵州，匠人的地位相对较高，从而培养了陶华碧的匠人精神。

查阅相关资料发现，在中国，做辣酱的企业家不在少数，甚至都数不过来。让消费者意外的是，只有老干妈能够独步天下，行销全球。比如，曾经有国家科研人员组建一个团队试制辣椒酱，试图在辣椒酱里添加期望的营养成分。他们费尽周章，调来调去，结果发现辣椒酱的味道始终不对。

---

[1] 周燕玲.诗琳通公主访贵州：关注扶贫 自诩"老干妈"粉丝[N].人民日报，2018-04-07.

为了一探究竟，媒体记者试图探究其中的秘诀。面对媒体记者的提问，陶华碧解释说道："卖米豆腐时，我做的米豆腐可以下锅炒，做辣椒调味品，也总是比别人口味独特。"

在陶华碧看来，好的产品都是建立在无数次实验，以及精益求精基础之上的，这就是匠人精神的体现。在很长一段时间，陶华碧依然是产品开发的"把关人"。为了保持灵敏的味觉和嗅觉，多年来，陶华碧始终坚持不喝茶，不喝饮料。

在喧嚣的时代，陶华碧所体现出来的工匠精神，更加难能可贵。正是这样的工匠精神，才是赢得消费者的关键。

前不久，我应邀出席某论坛，我的主讲题目是——传统企业到底该如何转型。在此次演讲中，我介绍了上海阿大葱油饼的例子。据媒体披露，制作葱油饼的人叫阿大，其真实的名字叫吴根城，由于在家里排行老大，就这样，大家都叫他"阿大"。

在制作过程中，一炉只能做20个葱油饼，且每炉30分钟，每天只做300个。在制作葱油饼的过程中，阿大始终坚守自己的工作流程，而且一做就是34年。

凌晨三点，阿大就不得不起床，提面粉，揉面团，调油酥。然后再将"醒"好的面揪成一个一个的小面团。

在这个过程中，阿大用手顺势一按，将小面团重重地甩在桌上。此刻，面团即刻变成一根长十几公分的薄长条。

其后，阿大抓了一把油酥抹上面饼，再抓一小撮盐抹上，最后是一大把葱花。然后再包裹丰富的长条面饼，重新卷成一个个面团。稍后，阿大整齐地把面团排列到烧热的煎锅上。

当面团发出滋滋声时，就会散发出青葱与肉的混合咸香。在此过程中，阿大一面煎，一面往饼上涂抹油。

大约15分钟后，葱油饼两面都煎黄了。其后阿大挪开铁板，将煎好的葱油饼整齐地排列到炉子里，盖上铁板继续烘烤。

在铁板下，九成熟的葱油饼继续加热。为了有别于老法葱油饼、苏北葱油饼，阿大用明火将饼上的浮油烧掉，这样做既保证葱油饼的口感，同时还不会油腻。

5分钟后，阿大打开了炉盖。此刻，香喷喷的一炉葱油饼就出锅了。

此刻阿大会告诫等候的食客："不许拿！要放2分钟才可以。不然不脆！"

在此过程的30分钟里，阿大几乎是一言不发，通常只有此刻才会开口。正是坚守如此流程，有些食客竟然要排队等候数小时。

对一些过于心急的食客，阿大告诫说："没法快啊，快了外面焦里面不熟，油没化掉，口味就两样了。"

为此，英国BBC专门为阿大葱油饼拍了一组纪录片。此案例说明，在传统企业中，尽管巨型企业独霸市场，但是作为创业者来说，并非没有机会，而是看创业者如何通过自身的匠人基因切入利基市场。

如今的老干妈，凭借贵州地方特色的"香辣调味品"，通过对技术的不断创新，开发出风味腐乳、香辣菜、香辣酱等新产品。目前老干妈约有18类产品，不仅有不同风味的辣椒酱，还有红油腐乳、火锅底料、香辣菜等产品，见表3-7-1。

表3-7-1 老干妈的系列产品

类　　别	名　　称
火锅底料	糟辣椒火锅底料
	火锅底料
辣椒酱	油辣椒
	风味豆豉油辣椒
	香辣脆油辣椒
	精制牛肉末豆豉油辣椒
	肉丝豆豉油辣椒

续表

类　　别	名　　称
	风味水豆豉
	风味鸡油辣椒
	辣三丁油辣椒
	风味糟辣剁椒
	干煸肉丝油辣椒
	香菇油辣椒
	番茄辣酱
	香辣酱
其他产品	风味腐乳
	红油腐乳
	香辣菜

不管是老干妈，还是阿大葱油饼，他们用今天的成绩证明，只有回归商业本质，弘扬工匠精神，产品才能赢得消费者的认可。

2016年3月5日，国务院总理李克强在第十二届全国人民代表大会第四次会议上向世界发出最强音——努力改善产品和服务供给。突出抓好三个方面：

一是提升消费品品质。加快质量安全标准与国际标准接轨，建立商品质量惩罚性赔偿制度。鼓励企业开展个性化定制、柔性化生产，培育精益求精的工匠精神，增品种、提品质、创品牌。

二是促进制造业升级。深入推进"中国制造＋互联网"，建设若干国家级制造业创新平台，实施一批智能制造示范项目，启动工业强基、绿色制造、高端装备等重大工程，组织实施重大技术改造升级工程。

三是加快现代服务业发展。启动新一轮国家服务业综合改革试点，实施高技术服务业创新工程，大力发展数字创意产业。放宽市场准入，提高生产性服务业专业化、生活性服务业精细化水平。建设一批光网城市，推进5万个行政村通光纤，让更多城乡居民享受数字化生活。

关于努力改善产品和服务供给方面，李克强总理就介绍了工匠精神。当"工匠精神"出现在中国政府工作报告中，足以说明中国政府对工匠精神的重视，甚至有媒体把它列入"十大新词"进行深度阐释。

在中国数千年的华夏文明中，"工匠精神"是中国传统文化中的精髓之一，正是如此，中国历史中曾出现大量卓越的工匠，如善于解牛的庖丁，精于木工的鲁班等。

众所周知，作为从业者的工匠，不仅是中国百姓养家糊口的职业，比如，木匠、铜匠、铁匠、石匠、篾匠等，由于其顾客相对稳定，只能在技艺上突破，以保证顾客多次购买，甚至是数代人购买，因此，各类手工匠人用他们精湛的技艺为传统生活景图定下底色。

随着改革开放的深入，中国进入后工业时代，有些农耕文明时代的匠人，与现代生活不相适应，一些老手艺、老工匠也因此逐渐地淡出人们的日常生活，但是，作为精益求精的工匠精神，却不能因为农耕文明的远去而被抛弃，相反，工匠精神是支撑中国创造的关键。

究其原因，专注细节、精益求精一直是中国工匠秉承的精神。正是这种精神，铸就了中国传统制造业的辉煌，同时也是助推中国现代制造的重要动力。为此，在十二届全国人大四次会议广东代表团全体会议上，小米科技创始人雷军直言不讳地指出："中国产品与日本、德国（的产品）最大的差距是缺乏精益求精的工匠精神……我开始对大家去日本抢购电饭煲不理解，后来了解发现，日本的电饭煲的确比我们的好。"

据了解，日本电饭煲采用了新材料、新技术，使得加热更均匀，有种形象的说法是"让米粒在电饭锅里跳舞"。中国电饭煲只是把米煮熟，日本电饭煲则是煮好。[①]因此，唤起"工匠精神"，需要加强培训、管理、激励及岗位

---

① 黄应来.代表雷军：中国产品与日本德国最大的差距是缺乏工匠精神［N］.南方日报，2016-03-06.

流动机制。雷军认为，中国制造业要尽快改善产品性能和品质，满足消费者的更高需求。

雷军说，要生产出让消费者激动的产品，强化设计是关键。雷军因此建议在全社会推行新国货运动，通过互联网做到足够平价，让每一个人享受到科技的乐趣。从这个角度来讲，工匠精神不仅体现了对产品精心打造、精工制作的理念和追求，更是要不断吸收最前沿的技术，创造出新的成果。

在农耕文明里，工匠精神不仅是匠人的认真和敬业精神，其深层次的动力是：手艺是赚钱养家糊口的工具，这意味着不仅需要职业敬畏、工作执着，更需要极度注重细节，不断地追求完美和极致，才能给客户提供无可挑剔的极致产品和服务体验，甚至将一丝不苟、精益求精的工匠精神融入每一个产品环节，直到做出一款占领消费者心智的产品。

与工匠精神相对的，则是"差不多精神"。很多企业经营者时常满足于99%，差不多就行了，而不是追求100%，以至于"100-1=0"的事例时有发生。

陶华碧曾说："绝不可以忽悠中国消费者，否则消费者就会忽悠你。"因为差不多就会差很多。

1919年，基于对当时浮躁风气的不满，胡适发表了《差不多先生传》，文章内容如下：

你知道中国最有名的人是谁？提起此人，人人皆晓，处处闻名。他姓差，名不多，是各省各县各村人氏。你一定见过他，一定听别人谈起他。差不多先生的名字天天挂在大家的口头上，因为他是中国全国人的代表。

差不多先生的相貌和你我都差不多。他有一双眼睛，但看的不很清楚；有两只耳朵，但听的不很分明；有鼻子和嘴，但他对于气味和口味都不很讲究；他的脑子也不小，但他的记性却不很精明，他的思想也不很细密。

他常常说："凡事只要差不多，就好了。何必太精明呢？"

他小的时候，他妈叫他去买红糖，他买了白糖回来，他妈骂他，他摇摇头道："红糖白糖不是差不多吗？"

他在学堂的时候，先生问他："直隶省的西边是哪一省？"他说是陕西。先生说："错了。是山西，不是陕西。"他说："陕西同山西不是差不多吗？"

后来他在一个钱铺里做伙计，他也会写，也会算，只是总不精细，十字常常写成千字，千字常常写成十字。掌柜的生气了，常常骂他，他只是笑嘻嘻地赔小心道："千字比十字只多一小撇，不是差不多吗？"

有一天，他为了一件要紧的事，要搭火车到上海去。他从从容容地走到火车站，迟了两分钟，火车已开走了。他白瞪着眼，望着远远的火车上的煤烟，摇摇头道："只好明天再走了，今天走同明天走，也还差不多。可是火车公司未免太认真了。八点三十分开，同八点三十二分开，不是差不多吗？"他一面说，一面慢慢地走回家，心里总不明白为什么火车不肯等他两分钟。

有一天，他忽然得了急病，赶快叫家人去请东街的汪医生。那家人急急忙忙地跑去，一时寻不着东街的汪大夫，却把西街牛医王大夫请来了。差不多先生病在床上，知道寻错了人；但病急了，身上痛苦，心里焦急，等不得了，心里想道："好在王大夫同汪大夫也差不多，让他试试看吧。"于是这位牛医王大夫走近床前，用医牛的法子给差不多先生治病。不上一点钟，差不多先生就一命呜呼了。

差不多先生差不多要死的时候，一口气断断续续地说道："活人同死人也差、差、差不多，凡事只要……差……差……不多就……好了，何、何、必……太……太认真呢？"他说完了这句格言，方才绝气了。

他死后，大家都很称赞差不多先生样样事情看得破，想得通；大家都说他一生不肯认真，不肯算账，不肯计较，真是一位有德行的人。于是大家给他取个死后的法号，叫他做圆通大师。他的名誉越传越远，越久越大。无数无数的人，都学他的榜样。于是人人都成了一个差不多先生。然而中国从此就成为一个懒人国了。

100年过去了，很多人依然没有改掉浮躁和差不多的毛病，依然在投机，这或许是老干妈赢得成功的关键，也是匠人精神的胜利。

基于此，拥有匠人精神的从业者，不仅是对职业道德的遵守，更是在追求卓越和精益求精地创造，其始终坚持用户至上的服务理念才是最珍贵的。

对于企业家来说，如何做才能真正地让工匠精神从口号变成实际行动，不仅需要企业家的理性看待，同时还必须能够拒绝诱惑。

为此，国务院发展研究中心中小企业研究室研究员马淑萍在接受《中国经济时报》坦言：

实现工匠精神并传承下去还是应该从根本上做到以下几点：一是逐步建立有序的市场竞争机制。完善产业分工协作关系，加强产业间的合作。二是企业要建立以人为本的雇佣体制。如实施员工培养计划，为保证管理和技术传承，可以实施师徒制度，减少技工流动性。建立鼓励团队合作的考核办法等。最后，建立和谐发展社会，它是基础。[①]

在马淑萍看来，市场和培养是传承工匠精神的关键。然而，中国社会科学院工业经济研究所研究员周民良却认为如下三点必不可少：

首先要认真学习研究德国、日本的工匠精神究竟都体现在什么地方，为什么能够传承下来，为什么我们的一些工匠精神没有得到传承或者消失了，我们的社会究竟缺少什么？我认为，工匠精神无论对政治家、企业家、研究人员、街头摊贩，都是需要的。就是专业务实、不装样、不做假、不口是心非、不坑蒙拐骗，每一个人都可以在他的领域里追求工匠精神。

其次，创造好的条件让工匠精神得到发扬。学习德国和日本的工匠精神，

---

① 范媛.寻找失传的"工匠精神"[N].中国经济时报，2016-04-11.

既要学习企业风格、企业做派，也要借鉴德国与日本政策、法律、法规等国家规制。通过制度设计，以保障工匠精神运行。要建立相应的奖惩措施，形成企业自律和他律相结合的评判体系。对于违反工匠精神的企业行为，一定要有制衡性的举措。当然，建立制衡的社会制度，才能更好满足全社会普遍的公共产品和公共服务需求。如果政府缺乏制衡，就会出现政府不像政府、政府官员自利性行为扩大、政府言而无信等现象，体现不出政府官员的工匠精神。

最后，弘扬工匠精神，需要自上而下的行动。中国共产党是一个富于创新精神和不断实现目标的政党，在建设和改革的不同时期都采取过为民谋利的重大举措。要按照习近平总书记的要求，顺应人民的要求，在从严治党的基础上从严治政，使执政党的执政理念在具体的行政行为上与广大民众的呼吁相一致。①

技术改造与创新

作为一种劳动密集型的产业，老干妈与老字号企业一样面临技术创新的问题。由于技术存在局限性，过去传承下来的技术工艺都是师傅带徒弟传承模式，根本谈不上现代技术开发，甚至还有不少工艺技术已经过时，即使有些传承下来的特有技术，多数也未形成现代意义上的自主知识产权，不规范，也未受到应有的保护。②

究其原因，在长期的历史变迁过程中，老字号传统技艺等核心能力在传承过程中出现了不平衡的发展，竞争环境的变化也对老字号企业提出了新的

---

① 范媛.寻找失传的"工匠精神"[N].中国经济时报，2016-04-11.
② 王成荣，李诚，王玉军.老字号品牌价值[M].北京：中国经济出版社，2012：99—148.

挑战，使仍采用传统技艺、传统经营管理方式的老字号企业丧失了竞争优势。从技艺角度看，有些老字号拥有非常独特的绝活、绝技、绝艺，也进入"非遗"保护范围，但是传承上有问题。据对北京市22项"非遗"技艺的传承情况进行调研，虽都有传承人，但年龄最大的已有83岁，除了全聚德、张一元、王致和、东来顺等有限的几家企业外，现多数技艺传承人徒弟为外地工、文化水平不高，有一定技术水平的传承人面临流失。很多不受"非遗"保护的绝活、绝技、绝艺，实际上传承链已经断裂。即使受"非遗"保护、仍在传承的，在传承中也多是维持，没有发展尤其是不能扩展技艺的应用范围老技艺老产品，缺少创新。有些老字号拥有较为独特的技艺或技艺"外壳"（即基本技术原理清晰可以用现代技术改造的技艺），内核也很神秘，坐拥很好的资源，但缺乏技术改造，不能确保产品质量的稳定性和生产效率的提高。如内联升的千层底布鞋制作技艺，如果保持过去那种人们用手工一针一线纳鞋底，一天纳一只鞋底，几天制作一双鞋，那成本就太高了，质量也不一致；如果全聚德不对烤鸭炉进行技术改造和鸭坯制作的技术提升，就不会有今天的发展局面。与此相联系，在经营创新上，老字号企业也面临很大挑战。如传统佐餐食品以"酸、甜、咸、辣"等基本口味为主，但是随着消费者需求的多样化，佐餐食品也出现了各种精细化和复合化的口味以适应不同的消费者。北京传统的酱菜代表性企业六必居，以传统酱菜产品为主，创新力度有限，虽在传统市场拥有较高的销售额，但是利润率很低，无法获得更多的附加价值。[1]

　　老字号的技术创新同样困扰着老干妈，这是知名老店普遍存在的一个问题。2005年，由于老干妈的订单太多，产品供不应求，产品规模生产问题曾一度让陶华碧困惑不已。

　　陶华碧一直依赖一大批创业初期的技师，这些技师都有着十几年的工

---

[1] 王成荣，李诚，王玉军.老字号品牌价值［M］.北京：中国经济出版社，2012：99—148.

作经验，对掌握配料的比例、炒制的火候、灌装的技巧等非常娴熟。当然，要想增加一批这样的技师，培养过程需要耗费大量的时间和精力。假设继续遵循传统的手工生产模式，在短时间内是不可能实现质量和产量双赢的。

然而，当大批订单如雪花般飞来时，技术创新问题就横亘在陶华碧面前，只有迈过这道坎，才能有效地解决现代化大生产的技术问题。在这样的机遇和挑战下，陶华碧下决心把技改创新作为老干妈发展的第一战略来实施。

为了早日解决创新问题，陶华碧集中领导力量、技术骨干和专项资金，开始实施三次技改创新，即通过自动化生产，不断地提高老干妈生产的效率，扩大老干妈的优势产能，有效地实现质量和产量的双赢。

2006—2008年，陶华碧实施一期技改，集中研究出口产品半自动燃气炒锅炒制品工艺、灌装半自动化、自动广口瓶清洗、消毒、烘干机、配料、车间和大型综合库房项目，耗资1亿元。

2009年，陶华碧又斥资2.9亿元，研究全自动化冲击工艺。即机械化封盖、自动贴标、自动封箱、卸垛机、码垛机、自动炒制机等项目。

2012年，老干妈在实施第三次技改创新——全智能化生产，而且已实施过半。老干妈的生产、管理标准化和可复制化将得以实现，未来就能像肯德基和麦当劳一样，只要有市场需求、条件允许，就能随时实现快速扩张。①

三次技改创新，提升了老干妈的竞争优势，并且产能、产值节节攀升——2006年实现产值12.8亿元，一期技改完成的2008年跃升至18.8亿元，2012年将实现产值30亿元……②

2017年9月27日，央视"新闻频道"以《还看今朝·贵州篇：全球味道"老干妈"是如何诞生的》为题报道了老干妈，详情如下：

---

① 王志文.好一个"老干妈"[N].中国国门时报，2012-11-05.
② 王志文.好一个"老干妈"[N].中国国门时报，2012-11-05.

今天的"喜迎十九大，还看今朝"特别板块，我们带大家来到位于西南云贵高原的贵州，我们的记者先带大家看看贵州的一种让全球人都欲罢不能的辣味究竟是怎么诞生的？没错，就是老干妈辣酱。那么老干妈辣酱味道又是怎么成为一种全球化的味道的呢？就让记者尹平来告诉您。

我们现在是在一个厂区里面，这个厂区看起来并不大，但其实每天在厂门口都会有10几辆这样大型的30吨载重的油罐车，源源不断地把一种特制的油往里拉，来灌这个大油罐子。这个大油罐子直径有9米。而整个厂区这个大油罐子整整有38个之多。这个厂一年用油15万吨，占到贵州省的四分之一。

现在再来看，这是亚洲最大的一个玻璃瓶厂，它在给我这个厂做配套，这个瓶子生产线一直开机，不停生产，一年生产6亿个，在我的这个厂用量达到7.7亿个瓶子。这是一个什么概念？这个瓶子的高度是15厘米，我把它放倒了连在一块，一年的用量可以绕咱们的地球将近三圈。

那么，镜头回到我这里来，你来看一下，我身旁的生产线，这些生产线是1年365天，除了检修一天24小时，不停机地生产，而这个状态保持了整整10年。现在从这里走出去的辣椒瓶、辣椒罐一天就有300万瓶，你可能已经猜到了，我们现在是在风靡全球的国民美食疯狂辣酱老干妈的生产现场。

这是我们"史上首次"得以进入到这里的核心区域，得以拍摄，甚至是直播。那么很多人对于老干妈的回忆，一定是忘不了的，是每一个漂泊的人，一种最难忘的味觉上的这种记忆。我记得我在上大学时有两种东西必须上锁：一种是暖瓶，还有一种就是老干妈。

现在老干妈已经是卖到全球70多个国家和地区，中国每10瓶辣椒酱里，就有7瓶是老干妈造的，非常厉害。但是很多人根本就想象不到，像这样一个国际顶级的调料，居然会在贵阳这样一个小山坡上面进行生产。现在我给大家揭晓一下，这样一瓶征服世界，风靡全球，迷倒万千四海八荒的宅男宅女的神秘辣椒酱是怎么炒制出来的。

我们这次也是首次得到允许进入炒制车间，这是核心区域，完全保密的，但是我们拍了一组画面，你可以看一下，一个纯不锈钢的大锅，辣椒和配料混在一块进行炒制，这个大锅内是一个老干妈设定的恒定温度。炒好以后，大锅抬升起来，会把辣椒酱倒入一个像水槽状的传送带里。炒好的辣椒，就会向前传送。送到哪儿呢？看一下我身后的镜头，我身后有很多烟囱管子，里面其实是辣椒酱，它会顺着这个管子像坐滑梯一样降到我身边这个灌装车间里面。这个车间（的工人）很多都是手工在进行灌装。

其实，老干妈一直在致力于整条链条机械化运作，但是这个环节目前没办法替代人工。老干妈的配料很多，有豆腐丁、花生、辣椒、辣椒油，每样东西的体积、重量、大小、形状都不一样，用机器来灌装就非常不均衡。所以我们就采取人工，而这些人工灌装的人都是"一勺准"。他们用常年练习的一个熟练动作，用一个特殊的器皿，一勺就把这个老干妈灌装好，保证固体物质在70%，而且只多不少。[1]

很多老店的经营者拒绝接受技术改造，结果却被市场淘汰。湖南双峰县"永丰辣酱"就是其中一个例子。

永丰辣酱，曾经辉煌一时。其曾作为朝廷的贡品被进献给当时的咸丰皇帝，因此名声大噪。这不仅使得永丰辣酱摆脱了湖南双峰的地域束缚，还走向更为广阔的市场。20世纪80年代，永丰辣酱畅销华夏大地，甚至远销日本、美国，达到年产1500吨的产业规模。

在今天看来，1500吨似乎微不足道，但是在20世纪80年代，这可是一个天文数字。然而，由于诸多的原因，永丰辣酱达到增长峰值后开始萎缩，最终湮没在市场的历史长河中，被消费者淡忘。

永丰辣酱沉寂后，学者研究发现，永丰辣酱这个拥有绝对优势的行业领

---

[1] 央视网.[共同关注]还看今朝·贵州篇：全球味道"老干妈"是如何诞生的[EB/OL]，2017-09-27. http://tv.cctv.com/2017/09/27/VIDESKQ3tEqm9tkJA1XQvtDv170927.shtml.

头羊并不是被"老干妈""老干爹"等后来者冲垮，与其说它在惨烈的市场竞争中一次次败下阵来，不如说是称霸市场之后战略失焦、一系列错误举措导致的"自毁长城"。

资料显示，永丰辣酱是湖南省双峰县永丰镇生产的，因其地名而闻名于世。湖南省双峰县永丰镇盛产灯笼辣椒，当地居民就以灯笼辣椒为原料，以民间制酱的传统工艺方法加工而成，最早的制酱传统工艺可追溯到明代。

1986年，双峰县国营永丰辣酱总公司成立，分公司均以"永丰辣酱"品牌来推广和销售产品，年产商品辣酱1570吨，从业人员300余人，年产值400多万元，盈利70余万元。

20世纪80年代，由于物资匮乏，市场需求的旺盛超出经营者的预料。为了拓展似乎没有边界的市场，一些分公司扩大辣椒酱产能，大肆收购湖南省双峰县永丰镇以外的辣椒来代替本地辣椒，随意缩短辣椒酱的加工工艺流程，甚至还掺杂面粉、豆渣等原材料。这样的行为无疑给永丰辣酱的品牌形象造成不可挽回的巨大伤害。一些观察家痛心疾首地评论道："具有三百年历史的永丰辣酱牌子砸在了当代人手中。"

永丰辣酱的陨落主要有两个原因：（1）基于品牌知名度而生的投机心理，自以为"皇帝女儿不愁嫁"，忽视市场营销，根本不把消费者放在心上。（2）根深蒂固的骄纵自满情绪作怪。永丰辣酱的管理者认为，永丰辣酱之所以被评为名优产品，全因采用传统土法技艺生产，没有必要耗资引进先进工艺和机器设备，因此对科学工艺退避三舍。对于上级拨付的技术贷款，永丰辣酱三厂却用来购置锅炉、修建水池，并没有用以提高自身的生产能力和工艺水平。与之相反的是，陶华碧等草根创业者却将千辛万苦筹措到的有限资金，投入到现代化生产线的建设当中。[1]

---

[1] 《市场营销学》教学参考［EB/OL］，2017–08–17. https://max.book118.com/html/2017/0817/128479273.shtm.

由于老字号在经营理念、技术、产品和服务上缺少创新，不能与时俱进，随着消费水平和消费方式的变化而变化。永丰辣酱与老干妈，这个百年老字号与后起之秀的故事又一次提醒人们，商业世界中，此消彼长的巨大落差往往在一念之间注定，那些看似强大的行业领导者也许并没有意识到，在他们风光无限的时候，也正是转变即将发生的时刻。当他们感到危机时，一切已经来不及。[1]

为了避免重蹈永丰辣酱的覆辙，陶华碧进行了技术创新。在技术创新上，陶华碧尤其重视对新产品的开发，几年时间内相继开发出风味豆豉油制辣椒、辣三丁油制辣椒、风味鸡油辣椒和风味水豆豉等多个新产品，还耗资600多万元用于厂房、生产车间、机械化流水线生产等硬件设施建设和技术改造，成立专门的技术攻关小组，进行各项技术研究和改造。[2]

---

[1]《市场营销学》教学参考[EB/OL]，2017-08-17. https://max.book118.com/html/2017/0817/128479273.shtm.

[2] 董寒雪，沸腾，费霄雨，王飞，夏扬.老干妈的营销实战[EB/OL].2015. http://www.docin.com/p-994317118.html.

第四部分

突破：
创建民族品牌，立千秋大业

创民族品牌，立千秋大业，我要做千年光彩。做事要看长远，我们要做到祖祖辈辈，目光短浅是走不了多远的。金杯银杯抵不过消费者的口碑，我从来没有打过广告，靠消费者的口碑一个传一个，有华人的地方就有我们的产品。人算不如天算，做事、做人都要凭自己的良心，我对得起自己的良心。

——老干妈创始人　陶华碧

第8章　创建民族品牌

时任奥美集团董事长兼CEO的谢里·拉扎鲁斯（Shelly Lazarus）曾评价中国企业品牌知名度较低，甚至没有品牌，其理由是，中国一些企业家缺乏长远的品牌战略意识。主要表现在：有的企业没有树立品牌意识，只是一味地追求生产经营的绩效；有的企业虽然有品牌意识，但没有把品牌放在重要位置，没有在思想上和行动上给予足够的重视，往往只是说说而已，没有付诸行动；有的企业缺乏创造品牌的动力，一遇到技术上或资金上的困难就产生为难情绪，甚至自觉或不自觉地放弃对品牌的追求；有的企业目光短浅、急功近利，在与外商的合资合作中轻易地出让自己商标的使用权，以换取眼前的经济利益，而丧失了长远的根本利益。[①]

然而，陶华碧却不认同谢里·拉扎鲁斯的观点，偌大的中国市场，不可能都如谢里·拉扎鲁斯所言的状况。20世纪90年代，陶华碧在向国家商标总局申请老干妈注册商标时，就向中国香港特别行政区等地区注册老干妈商标。这样一个小小的举动足以说明，陶华碧具有强烈的品牌意识、打造品牌的意志和决心。

---

① 刘雯.论中国民族品牌发展［J］.现代商贸工业，2009（11）：96—97.

上榜《中国500最具价值品牌》榜单

当我打开老干妈的官方主页时，几颗红辣椒浮现于长城和雾霭之间，"创民族品牌，立千秋大业"十个大字铁骨铮铮，再配上黄、红为主的暖色调背景，一家现代化企业跃然眼前，见图4-8-1。

图4-8-1 官网"创民族品牌，立千秋大业"宣传语

立志把企业打造成为百年品牌的企业家并不多见，反而是强调进入世界500强，或是喊着争取在5年内上市的企业家屡见不鲜。陶华碧的做法，值得我们深思。

我们梳理这些"口号式企业"后发现，这些企业几乎都没能按照它们设定的"时间表"前进，相反，因此倒下的案例比比皆是。

如今的老干妈已经成为一块金字招牌，其品牌价值高达162.75亿元。2020年8月5日，世界品牌实验室（World Brand Lab）主办的第十七届"世界品牌大会"发布了2020年《中国500最具价值品牌》分析报告。

其中，老干妈凭借162.75亿元人民币的品牌价值位居排行榜第352位。另外四家上榜的贵州品牌企业分别是，茅台、前进（轮胎）、黄果树（烟草），以及华夏航空。

报告数据显示，茅台凭借2855.23亿元的品牌价值居第17位。与2019年相比，排名维持不变，但是茅台品牌价值已上升670.08亿元。茅台同时蝉联食品、饮料行业上榜企业首位。前进（轮胎）凭借160.31亿元的品牌价值位居排行榜第362位。黄果树（烟草）以98.91亿元的品牌价值位居排行榜第414位。华夏航空以85.72亿元的品牌价值位居排行榜第455位。

支撑老干妈品牌价值实力的是老干妈的产品力。2021年5月，李鑫在接受《贵阳日报》采访时说道："老干妈在国内北、上、广等65个大中城市建立了省级、市级代理机构，产品畅销全国各地，还出口欧盟、美国、澳大利亚、日本、南非等超过100个国家和地区，让有华人的地方就有'老干妈'。"[1]

对于老干妈的品牌战略，凤凰网记者在采访陶华碧时问道："您有很强的民族品牌意识？"

陶华碧回答道："**对，创民族品牌，立千秋大业，我要做千年光彩。做事要看长远，我们要做到祖祖辈辈，目光短浅是走不了多远的……人算不如天算，做事、做人，都要凭自己的良心，我对得起自己的良心。**"[2]

凭着优质的产品质量和诚实守信的经营，老干妈的规模迅速扩大。2006年，老干妈的销售收入突破10亿元，上缴税收1.6亿元，"陶华碧老干妈"牌油制辣椒食品被评定为"中国名牌产品"，注册商标也被国家工商总局认定为"中国驰名商标"。[3]

随后，老干妈的发展进入快车道。根据贵州南明老干妈风味食品有限责任公司发布的业绩报告显示，2019年公司销售收入突破50亿元，再创历史新高。全年完成销售收入50亿元，同比增长13.9%，见图4-8-2。

---

[1] 樊成琼."老干妈"的发展之道[N].贵阳日报，2021-05-03.

[2] 陈芳.独家对话老干妈：我不坚强，就没得饭吃[EB/OL]，2013-06-06. https://news.ifeng.com/exclusive/elite/special/laoganma/.

[3] 金阳时讯."老干妈"——走向世界的民族品牌[N].金阳时讯，2008-11-04.

单位：亿元

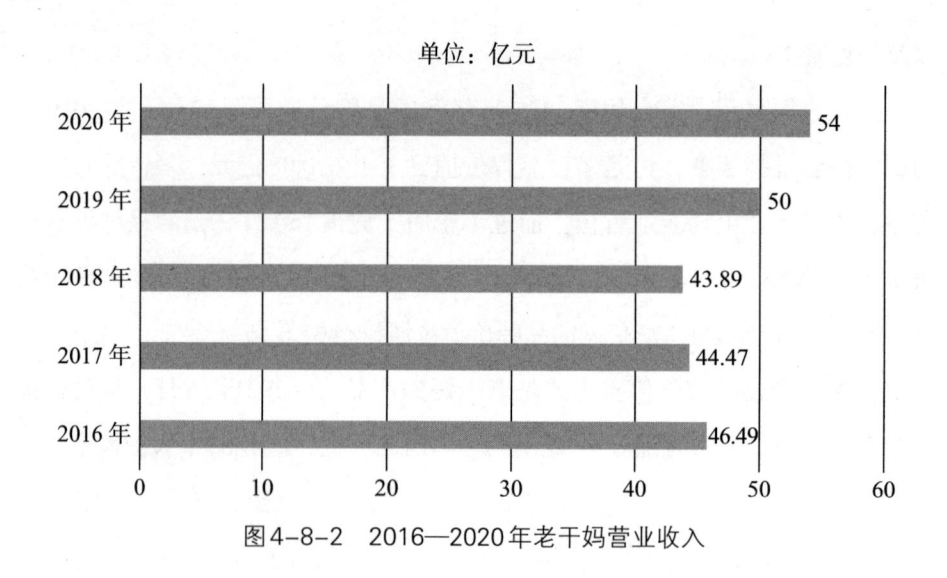

年份	营业收入
2020年	54
2019年	50
2018年	43.89
2017年	44.47
2016年	46.49

图4-8-2　2016—2020年老干妈营业收入

潮牌"老干妈"

2015年"两会"期间，老干妈在海外市场价格更高的新闻被媒体广为传扬。参加"两会"的老干妈创始人陶华碧回应说："我要把老干妈卖到外国去。"

在国际化市场的拓展中，老干妈跟许多企业一样，首站就是选择中国香港地区。1999年，自从第一瓶老干妈开始摆在香港超市的货柜上开始，至今也有20余年，老干妈凭借品质保证了海外市场份额。尽管经历不少的风风雨雨，但老干妈的品质却长盛不衰。

据《第一财经日报》报道，截至2013年2月，除了中国香港市场，老干妈还通过在海外设立授权代理商的方式，让产品出口欧盟、美国、日本、澳大利亚、新西兰、南非等40多个国家和地区。据2009年1—9月公开的数据，9个月老干妈实现出口创汇1500万元。[1]

如今的老干妈，经过20多年的稳扎稳打，已经从偏僻的贵州走向世界各

---

[1] 杨晶，曾新达."老干妈"：小辣椒做成大产业［N］.第一财经日报，2013-02-05.

地。老干妈的品牌不但在国内拥有了稳定的用户群,更在国际化的道路上拥有大量的粉丝。

2018年1月24日,在贵州省人民政府新闻办公室举办的"2017年贵州省主要经济数据解读媒体见面会"上,贵阳南明老干妈风味食品有限责任公司董事长秘书刘涛介绍说道:"**老干妈辣椒制品的日生产能力已超过300万瓶,拥有24个系列产品,同时产品畅销全球各地,产品出口已突破80个国家和地区。**"[1]

《中国经营报》的公开报道显示,"2012年,美国奢侈品电商Gilt曾把老干妈奉为尊贵调味品,80块人民币两瓶的价格立马被抢购一空。2015年,在《洛杉矶时报》举办的美食节中,老干妈被誉为全球顶级的辣酱。"[2]

《中国经营报》的报道所言非虚,2022年1月17日22:38分,我在amazon官网搜索关键词"LAOGANMA",其相关结果如下,见图4-8-3。

图4-8-3　amazon官网搜索关键词"LAOGANMA"

---

[1] 周燕玲.诗琳通公主访贵州:关注扶贫　自诩"老干妈"粉丝[N].人民日报,2018-04-07.
[2] 屈丽丽.老干妈:千亿辣酱帝国的传承[N].中国经营报,2020-12-26.

此次搜索显示，210克老干妈辣椒酱的最低售价为12.60英镑，见图4-8-4。

图4-8-4　210克老干妈辣椒酱的售价

通常，国外的奢侈品价格往往要低一些，如今老干妈在国外登上了美国奢侈品折扣网站，被网友戏称为"一秒钟变格格"，甚至有的媒体用了一幅手拿老干妈的美国自由女神画来报道。

其实，老干妈受消费者追捧的现象不胜枚举，在社交网站——脸谱（Facebook）上，来自世界各地的老干妈粉丝交流最多的一个问题就是，去哪儿能购买到老干妈；在社交网站——推特（Twitter）上，也有一大批老干妈的忠实粉丝，不断贴出一些令人喜出望外的搭配。

2018年，老干妈的红色基调成了点亮纽约时装周的最火辣的元素。红色的连帽卫衣印有显眼的老干妈品牌Logo，左衣袖印着"国民女神"，右边的衣袖印着英文字样。这样的反响给中国创业者带来希望和梦想。

据自媒体撰文称，此款衣服不仅火爆纽约时装周，还在曼哈顿顶级买手店里售卖，更吸引了上千万网友的围观。

老干妈的产品不仅在发达国家深受消费者欢迎，甚至在非洲国家，也一样畅销。一位媒体记者在贵阳机场口岸曾经采访过首次来中国的非洲客人，该记者问非洲客人初到贵州的印象。这位非洲客人用非常生硬的汉语异常响亮地说出了"老干妈"这三个字。

据媒体报道,几年前,有位朋友去一个与中国建交时间不长的国家,在商场里看到唯一的"中国制造"就是"老干妈",一打听才知道不是从中国直接进口,而是从第三国购买来的。老干妈的受欢迎程度由此可见一斑。[1]

如今的老干妈早已不是偏安贵阳的小企业了,其品牌影响力已经与茅台酒并驾齐驱,同样成为贵州的一张名片。的确,在贵州为数不多的本土品牌中,老干妈可以称得上是食品行业中的知名品牌。

---

[1] 王志文.好一个"老干妈"[N].中国国门时报,2012-11-05.

第9章　重金维权

在中国企业家中，高调打假的陶华碧算得上是一个领军人物，而且一点都不含糊。随着老干妈的不断发展和壮大，打假成为陶华碧的一件重要工作。各地陆续出现的50多种"老干妈"，使陶华碧不得不耗费巨大的精力和资金打假，为此还成立了贵州民营企业第一支打假队，开始在全国打假。

值得一提的是，2003年5月，陶华碧的"老干妈"终于获得国家商标局的注册证书，同时，湖南"老干妈"之前在国家商标局获得的注册被注销。这为陶华碧打假提供了法律和道义依据，使得打假出师有名，甚至是名正言顺。

维权榜样

1997年5月，陶华碧决定将贵阳南明陶氏风味食品店更名为贵阳南明陶氏风味食品厂。1997年11月，陶华碧将贵阳南明陶氏风味食品厂更名为贵阳老干妈公司。公司的成立，标志着陶华碧的创业生涯迈进了一个崭新的里程。而在此之前，她的风味食品厂只是一个经营凉粉、凉面的食摊演绎而成的小企业。

根据公开资料显示，陶华碧最早使用"老干妈"品牌的时间可以追溯到

1994年底。1994年，陶华碧创建贵阳南明实惠饭店。1994年11月，陶华碧将其更名为贵阳南明陶氏风味食品店，同时推出了以"老干妈"为商品名称的风味食品，其中以"老干妈"风味豆豉倍受消费者欢迎，购买者络绎不绝。

1996年8月，陶华碧开始在其生产的"老干妈"风味豆豉外包装上，使用由该公司经理李贵山设计的包装瓶瓶贴。该瓶贴以红色为基本色调，整体图案的中部为产品发明人陶华碧女士的肖像。肖像下部为书写独特、鲜明的"老干妈"三个字，肖像左右两侧自上而下分别写有"实惠饭店""风味豆豉"八个字，该八个字均置于黄色椭圆形图案内；整体图案左部为产品说明文字，右部为产品配方和执行标准等文字，在这些文字的上下两边分别写有"香辣突出""优雅细腻"和"贵州特产""精工酿造"等字样，这些字置于黄色椭圆形图案内。1997年12月，李贵山就其设计的瓶贴向中国专利局申请了外观设计专利，于1998年8月22日获得外观设计专利权。李贵山还于1997年12月30日将该瓶贴在贵州省版权局进行了产品设计图纸的版权登记。[①]

老干妈辣椒酱的热销，得到了地方政府的肯定。1999年1月，贵阳市人民政府将"老干妈"风味豆豉列为贵阳市名牌产品，贵州省经济贸易委员会和贵州省技术监督局确认陶华碧牌"老干妈"风味豆豉为贵州省名牌产品。1999年11月，中国食品工业协会颁发给贵阳老干妈公司先进企业证书。[②]

随着老干妈品牌影响力越来越大，一些企业因此开始与老干妈拉关系，各地假冒、仿冒者蜂拥而至，甚至在全国各地开始仿冒老干妈。在众多"老干妈"中，湖南华越"老干妈"最为典型。

据《贵州南明老干妈风味食品公司诉湖南华越食品公司不正当竞争案判决书》文书记载，湖南华越食品公司于1997年9月成立。同年10月，该公司

---

① 北京市高级人民法院.贵州南明老干妈风味食品公司诉湖南华越食品公司不正当竞争案判决书，2001-03-20.

② 北京市高级人民法院.贵州南明老干妈风味食品公司诉湖南华越食品公司不正当竞争案判决书，2001-03-20.

与贵阳南明唐蒙食品厂签订了"联营协议书",约定双方共同开发生产"老干妈"风味豆豉,贵阳南明唐蒙食品厂提供技术,湖南华越食品公司提供生产所需的设备、设施及场地。同年11月,双方联合生产的"老干妈"风味豆豉开始上市,该产品使用的包装瓶瓶贴与贵阳老干妈公司使用的包装瓶瓶贴相比,除产品批号、执行标准、生产厂家、厂址电话、邮政编码不同以及将陶华碧女士肖像换成了刘湘球女士肖像外,其余色彩、图案、产品名称及"老干妈"三个字的字体均相同。其中,"老干妈"三个字的字体是从书法家史穆先生的题词"祝愿湖南华越老干妈风味豆豉飞黄腾达"中摘录下来,用作联营产品外包装上的。史穆先生提交文字证明称,题词中"老干妈"三个字系按照湖南华越食品公司提供的字体临摹的,不是其本人作品。[1]

1998年1月,湖南华越食品公司以其法定代表人易长庚设计的"老干妈"风味豆豉的瓶贴向中国专利局提出外观设计专利权的申请,1998年10月被授予外观设计专利权。该瓶贴与李贵山设计的贵阳老干妈公司使用的瓶贴相比,只是将写有文字的椭圆形图案改变为菱形图案。随后,湖南华越食品公司与贵阳南明唐蒙食品厂将其联合生产的风味豆豉的瓶贴进行改版,改版后的瓶贴使用了获得外观设计专利权的图案,但仍使用了与贵阳老干妈公司产品瓶贴中字体相同的"老干妈"三个字。1998年4月,湖南华越食品公司与贵阳南明唐蒙食品厂签订"合同终止协议书",双方解除了联营关系。湖南华越食品公司开始单独生产"老干妈"风味豆豉等系列风味食品,仍以"老干妈"为商品名称,并继续使用原来的包装、装潢。[2]

为了讨回老干妈商标,陶华碧和贵州政府部门积极主动地与国家工商总局沟通。国家工商总局的批复是,湖南叫刘湘球老干妈,贵州叫陶华碧老干

---

[1] 北京市高级人民法院.贵州南明老干妈风味食品公司诉湖南华越食品公司不正当竞争案判决书,2001-03-20.

[2] 北京市高级人民法院.贵州南明老干妈风味食品公司诉湖南华越食品公司不正当竞争案判决书,2001-03-20.

妈，两个老干妈品牌共生共存。陶华碧毅然拒绝了这样的方案。

面对国家工商总局的回复，陶华碧坚决不同意这个折中的建议："你把你家儿子分成两半，他一半、你一半，试试？这是我创造的牌子，我要珍惜它，为什么要让你来侵占？我不同意！"

于是，陶华碧拿起法律武器，决心打赢这场官司："哪怕倾家荡产，也要打到底，我也不会让你得逞，你再有权有势，我们也要讲真理。我砸锅卖铁，都要跟你打下去。"

在大量的证据和事实面前，陶华碧用《反不正当竞争法》把官司打到了北京高院，最终陶华碧胜诉。

多年之后，当陶华碧谈到这场官司时，是这样向凤凰网阐释她的理念的："大家可以公平竞争，要讲究正义和良心，你要有本事，自己去创造一个品牌，我觉得你是伟大的。但我们有一个品牌，你就仿冒、搭车，甚至去抢注，那不行。我创出来的，就得是我的。我这个人，真金不怕火炼，我不怕。"

在陶华碧看来，品牌、伟大的企业不是假冒、仿制，或者靠巨额广告创造出来的。在商标的维权上，陶华碧给中国百年企业提供了一个范例。随着中国经济的发展，很多知名品牌开始走出国门，这自然增加了对外贸易的活跃程度。由于中国企业经营者以前不重视商标的注册和保护，使很多外国企业有机会抢注中国知名品牌，特别是百年品牌。很多知名品牌因此在国外被抢注，甚至被冒用的现象屡见不鲜，而且还有上升的趋势。

很多国家和地区都是采取注册在先使用原则，即谁在该国或该地区先注册某个商标，谁就拥有该商标的专用权，加上商标保护本身具有地域性特征，像中国百年品牌这样的商标一旦被抢注成功，被抢注商标的企业就不能在该国或者该地区内使用此商标，否则就构成侵权。近几年，中国品牌在境外被抢注的问题突出，甚至进入高峰阶段，"抢注清单"显示，中国曾有超过80个商标在印度尼西亚被抢注，近100个商标在日本被抢注，近200个商标在澳大利亚被抢注……

"抢注清单"中，多为中国知名品牌商标，特别是百年老字号品牌商标。如"同仁堂"商标就被日本、美国、韩国、荷兰、挪威、瑞典等多个国家和地区的企业抢注；"狗不理"包子，也早在二十多年前就被日本企业抢注。另外，一个公司抢注多个国内品牌商标的现象也呈现上升趋势。如"龙井茶""碧螺春""大红袍""信阳毛尖"等多个茶叶名称在韩国被同一茶商注册为商标，"红塔山""阿诗玛""云烟""红梅"等香烟商标被菲律宾一商人抢注。[①]

中国知名品牌商标频繁在海外被抢注，说明中国企业品牌，特别是百年老字号品牌的商标价值在提升。但是被抢注后，中国企业在拓展国际市场上就遭遇到阻碍。2012年，中国商标专利事务所对全球五大洲的11个国家和地区进行了调查，结果显示，除中国香港外，其他国家和地区都在抢注"少林"或"少林寺"商标，共发现117项、164个类似商标品牌，平均每个国家和地区有10余项。[②]

中国企业品牌，特别是百年老字号品牌在海外被抢注，说明中国企业商标知识产权保护意识薄弱。具体表现在中国企业家缺乏知识产权保护的战略眼光，同时对商标国际注册认识不足等。

既然商标注册如此重要，为什么企业家仍较为普遍地漠视商标国际注册呢？主要是存在"商标短视病"问题。具体表现在：或认为自己的商标知名度还不高，注册为时过早，想等出了名再注册；或认为自己的商品不愁销路，无须注册；或认为办理商标国际注册手续烦琐、费用高，不愿到商品进口国去办理商标注册……在"商标短视病"的作用下，不少企业商标管理薄弱，整天忙于生产，尚未形成一套完整的知识产权保护体系，基本没有自我品牌市场的监测预警系统。[③]

北京君策知识产权发展中心负责人汪泽在接受媒体采访时直言不讳地说，随

[①] 邓舒馨.我国知名商标遭遇境外抢注潮［N］.中国消费者报，2014-07-18.
[②] 邓舒馨.我国知名商标遭遇境外抢注潮［N］.中国消费者报，2014-07-18.
[③] 邓舒馨.我国知名商标遭遇境外抢注潮［N］.中国消费者报，2014-07-18.

着中国企业产品国际化，中国品牌走出国门也是大势所趋。然而，由于企业家更重视市场推广和产品营销，常常忽视对自身商标等知识产权的保护，自然不会事先或者及时在相关国家和地区进行商标注册，这无疑给商标抢注留下了隐患。陶华碧誓言保护老干妈的品牌历程，给中国企业品牌树立了一个很好的榜样。

阻击山寨

榜样的力量是无穷的。"百度烤肉"被百度起诉了，起诉的理由是商标侵权。一石激起千层浪，赞成者和反对者站在各自的阵营上各抒己见，由此引发诸多争论。

根据法院的决议显示，"百度烤肉"所属深圳亿百度餐饮管理有限公司的再审申请被驳回。在此之前，广东两级法院判决，深圳亿百度公司及其"百度烤肉"加盟店侵犯了百度的商标权且构成了不正当竞争行为。

不管是贵州老干妈起诉湖南老干妈，还是海底捞起诉河底捞……轰轰烈烈的商标维权行动正在展开。

在中国企业的商标注册中，海底捞的注册数量相对较大，仅仅在两天内就注册了263个相关商标，由此建立自己的品牌保护墙。

据天眼查的数据显示，2020年10月28日，海底捞申请包括"淮底捞""嗨帝捞""蜀海捞""海底捞珍""海底崂""嗨底捞""海底捡"等商标，共计177个，商标国际分类均为"43-餐饮住宿"。

在前一天，即2020年10月27日，海底捞还申请了包括"蓝小嗨""小嗨皮""小海哥"等86个商标。

也就是说，仅仅在2020年10月27日至28日两天，海底捞就申请了263个商标，这样的行为此前实属罕见。

查阅资料发现，海底捞之所以申请如此众多的商标，是因为之前"海底捞"起诉"河底捞"商标侵权败诉。根据《最高人民法院关于审理商标民事纠纷案件适用法律若干问题的解释》第九条第二款规定："商标法第五十二条第（一）项规定的商标近似，是指被控侵权的商标与原告的注册商标相比较，其文字的字形、读音、含义或者图形的构图及颜色，或者其各要素组合后的整体结构相似，或者其立体形状、颜色组合近似，易使相关公众对商品的来源产生误认或者认为其来源与原告注册商标的商品有特定的联系。"

湖南省长沙市天心区人民法院认为，"就文字商标而言是否近似，一般需要结合音、形、意等方面综合认定。首先，'河底捞'标识与'海底捞'商标虽都有'底捞'二字，但在文字的整体字形方面，两者还是存在一定的差异，原告海底捞公司其注册商标'海底捞'为方正华隶字体，而再看'河底捞'标识则是艺术字构成，并且'河'字三点水部分则是呈现河流的艺术形态，而'底'字其下面的点则是用艺术形态的鱼的图像构成。读音方面'河'字与'海'字，虽然拼音都是H开头，但是无论是按照普通话读法，还是按照湖南本地方言读法，两者读音均无任何相似性。河底捞餐馆店铺牌匾与海底捞火锅店铺牌匾在构图、颜色等方面没有相似性。且其整体结构、立体形状、颜色组合均无相似性。其次，海底捞公司旗下所有店铺经营的菜谱全部是川菜系列的火锅，而河底捞餐馆经营的菜谱是典型的湘菜系列，虽然河底捞餐馆菜谱有火锅菜品，但其火锅也与原告海底捞公司经营的火锅存在一定的差别，大多数为河鲜火锅，通过其菜单和店铺门口海报宣传可以看出，其在门口招牌以及菜单海报上都是针对其湘菜系列进行宣传。"

按照上述两个理由，湖南省长沙市天心区人民法院由此推定，"无论从字体的字形、读音、构图、颜色，还是从原告、被告经营的菜品等方面，均不会使一般的消费者对河底捞的餐饮服务的来源产生误认或者认为其来源与原告注册商标海底捞之间有特定的联系，故被告河底捞餐馆不构成对原告海底捞公司的注册商标'海底捞'的商标权的侵犯。"

一审宣判后，虽然原告和被告双方均未提起上诉，但是双方都进行了相关的处理。

（1）河底捞改名。赢得诉讼的河底捞，不再坚持使用河底捞店名，而是改名"河底鲜家菜馆"。对于更改店名一事，"河底鲜家菜馆"老板娘康纯在接受媒体采访时解释说道："去年（2019年）9月10日开庭，一个月后判决书就下来了，我们就把招牌改了……我先生做餐饮20多年了，是地道的湘菜厨师，这与'海底捞'并没有雷同的地方，我们也只想做纯正、地道的湘菜。"

自从改名"河底鲜家菜馆"后，生意并没有太多变化。"唯一尴尬的是，很多顾客以为我们换了老板，在用餐过后，他们说还是以前的味道。"康纯坦言。

（2）海底捞申请海量相似商标。海底捞吸取了此次教训，加速推进相关商标的申请。从这个角度来看，海底捞的商标维权算是一个阶段性胜利。

作为中国本土企业，老干妈在商标维权的力度非常大，甚至每年都拿出几千万元来维权，主要方式有如下几个。

（1）通过申请相关的商标有效防范老干妈的商标被侵权。来自中国商标网的数据显示，"老干妈"相关的商标共有132个，其中117个是贵阳南明老干妈风味食品有限责任公司注册的。在商标注册上，老干妈可谓是先行一步。据媒体披露，"老干妈"及其对外投资企业和分支机构注册的商标就多达193个，仅仅在2008年一年注册商标的数量就多达66个，覆盖商标全部分类，且注册成功率达到97%。

据天眼查的数据显示，除了"老干妈"商标，老干妈还申请了不少衍生词，如"老幹妈""老干爹""老姨妈"等。

老干妈申请相关衍生词作为商标，试图通过商标注册的模式有效地规避一些创业者或者投机者碰瓷或者侵犯自己的商誉等利益。根据澎湃新闻的数据显示，非老干妈公司申请相关的商标数量也不少。

不管是海底捞，还是老干妈，如此海量地进行相关商标的注册，通常都是为了更好地进行防御，因为一旦被他人抢注，可能危及知名品牌商标的利益。

我在进行相关的课题调查研究时发现，随着中国改革开放的深入发展，企业经营者对商标和品牌的建设维护越来越重视。据国家知识产权局数据，2021年上半年，我国商标注册372.4万件。截至2021年6月底，有效注册商标量为3354.8万件，同比增长22.4%。

当然，商标申请数量的增长源于多个方面，比如越来越多的企业重视商标注册、商标注册便利化，甚至恶意抢注囤积商标等。

不可否认的是，一部分企业之所以愿意注册相似知名商标，原因有如下几个：第一，借助知名商标的相似性，可以节约海量的宣传广告费用；第二，利用用户对知名商标的好感度与之关联；第三，投机性强；第四，恶意注册，甚至可以通过转让商标获取巨额利益。

（2）积极起诉维权。老干妈之所以积极地通过起诉进行商标维权，是因为在这类案件当中，通常存在复制、摹仿驰名商标或其主要部分，用在不同或者不相类似的商品上作为商标使用的行为问题。

对此，相关的法律专家在接受媒体采访时指出，"'淡化式侵权'足以使相关公众认为被诉商标与驰名商标具有相当程度的联系，直接地减弱驰名商标的显著性、贬损驰名商标的市场声誉，或者不正当利用驰名商标的市场声誉，致使该驰名商标注册人的利益可能受到损害。"

当品牌遭遇侵权时，老干妈创始人陶华碧毫不犹豫地拿起法律的武器。2017年6月，北京市高级人民法院就贵阳南明老干妈风味食品有限责任公司起诉贵州永红食品有限公司"老干妈"商标侵权案作出二审判决，判令贵州永红公司立即停止在其生产、销售的"牛肉棒商品"上使用"老干妈"字样，并同时赔偿贵阳老干妈公司经济损失，以及合理支出17.5万元。这样的商标维权结果，不仅仅意味着老干妈取得阶段性胜利，同时意味着老干妈赢得了口味标识引发的商业纠纷。

追溯"老干妈"商标的历史，曾在2011年、2014年、2015年、2016年等多次被国家工商行政管理总局商标局、国家工商行政管理总局商标评审委会和法院认定为驰名商标。

此次纠纷中的贵州永红食品有限公司，其拥有第4686272号、第10781638号、第3550793号、第5853924号的"牛头牌及图"系列注册商标，核定使用商品为第29类牛肉食品。公开信息披露，2010年，"牛头牌及图"商标被国家工商行政管理总局商标局认定为驰名商标。

在品牌维护上，创始人陶华碧非常重视"老干妈"这块金字招牌，在打击仿冒、搭便车问题上，陶华碧从不妥协。

在与湖南华越公司的诉讼中，陶华碧坚持"老干妈"品牌是自己所创，而且艰难地找到湖南华越公司抢注的证据，最终陶华碧赢得了这场"马拉松式"的官司。

维权之前，陶华碧早已启动了一系列的商标申请。1998年4月前，贵阳老干妈先后4次向国家工商局申请注册"老干妈"。

1998年4月13日，贵阳老干妈再次向国家工商行政管理总局商标局提出第"2021191号"商标的注册申请，见图4-9-1。

图4-9-1　老干妈的第"2021191号"商标的注册申请详情

当时，国家工商行政管理总局商标局认为，"老干妈"是特定的人称称谓，以此驳回老干妈该商标的注册申请。

与此同时，陶华碧也在进行组合商标的申请。1998年12月30日，贵阳老干妈向国家工商行政管理总局商标局提出第1381611号"陶华碧老干妈及图"组合商标的注册申请，该申请于2000年4月7日获准注册，核定使用在第30类"豆豉、辣椒酱（调味品）、油辣椒（调味品）、火锅调料（调味品）、姜油（调味品）、蒜油（调味品）、酱菜（调味品）"等商品上。

当老干妈正如火如荼地进行商标申请时，湖南华越公司也在积极进行中。1998年12月1日，湖南华越公司向国家工商行政管理总局商标局提出第1396796号"刘湘球华越老干妈及图"组合商标的注册申请，指定使用在第30类"八宝饭、饼干"等商品上，经国家工商行政管理总局商标局核准获得注册，见图4-9-2。

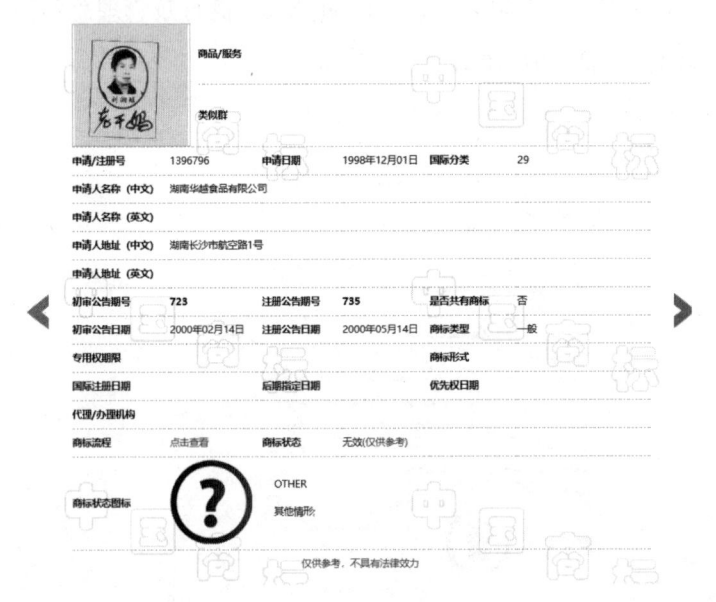

图4-9-2 华越"刘湘球华越老干妈及图"组合商标的注册申请

其后，当贵州老干妈向国家工商行政管理总局商标局提出异议的同时，湖南华越公司以其商标获注册为由，针对"陶华碧老干妈及图"商标提出异议申请。

当两个公司都不约而同地对对方提出异议申请时，国家工商行政管理总局商标局开始进行调解。2000年8月，国家工商行政管理总局商标局作出两份异议裁定——贵州老干妈和湖南华越公司两家共同使用"老干妈"品牌。

收到裁定后，由于不服国家工商行政管理总局商标局的裁定，贵州老干妈于是向国家工商行政管理总局商标评审委员会提出异议复审，国家工商行政管理总局商标评审委员会裁定被异议商标核准注册。

陶华碧无法接受商标评审委员会的裁定结果，于是向法院提起行政诉讼。其后，北京市第一中级人民法院和北京市高级人民法院的主要观点认为，被异议商标指定使用的"八宝饭、饼干"商品，与两引证商标核定使用的"豆豉、辣椒酱（调味品）"等商品，虽然存在一定差异，在功能、用途、生产部门、销售渠道、消费对象等方面仍存在较为密切的关联，属于类似商品。在被异议商标与两引证商标已构成近似商标的基础上，被异议商标与两引证商标已分别构成使用在类似商品上的近似商标。判令国家工商行政管理总局商标评审委员会重新作出裁定，国家工商行政管理总局商标评审委员会最终依法撤销了被异议商标。

正当老干妈向国家工商行政管理总局商标评审委员会提出商标异议的同时，贵州老干妈起诉湖南华越公司和其销售商北京燕莎望京购物中心，请求法院判定被告停止侵权，赔礼道歉，赔偿其经济损失40万元。

最终，北京市高级人民法院对此案作出终审判决：一、撤销北京市第二中级人民法院（1999）二中知初字第132号民事判决；二、湖南华越食品有限公司停止在风味豆豉产品上使用"老干妈"商品名称；三、湖南华越食品有限公司停止使用与贵阳南明老干妈风味食品有限责任公司生产的"老干妈"风味豆豉瓶贴相近似的瓶贴；四、湖南华越食品有限公司赔偿贵阳南明老干妈风味食品有限责任公司经济损失40万元（本判决生效后一个月内给付）；五、北京燕莎望京购物中心停止销售湖南华越食品有限公司生产的"老干妈"风味豆豉；六、湖南华越食品有限公司于本判决生效后一个月内，在一家全国发行的报纸上向贵阳南明老干妈风味食品有限责任公司致歉，致歉内容须经本院核准。逾期不执行，本院将在报纸上公布本判决，相关费用由湖南华越食品有限公司负担。一审案件受理费8510元，由湖南华越食品有限公司负担（本判决生效后7日内缴纳）；二审案件受理费8510元由湖南华越食品有限公司负担。

赢得这样的维权胜利，对于当时的老干妈来讲，实属不易。在陶华碧看来，尽管维权艰难，但是也要积极上诉。在这期间，不少人劝说陶华碧上诉不划算，上诉会耗费巨额资金和时间，但是，陶华碧不为所动。陶华碧回击说道："我才是货真价实的'老干妈'，他们是崴货（贵州方言，意思是假货），难道我还要怕崴货吗？"

得道多助。陶华碧的"倔犟"，打动了众多有识之士。在众人的鼎力支持下，陶华碧取得了一个又一个胜利。其后，经过驳回复审程序，老干妈商标于2003年5月21日获准注册，核定使用在第30类"豆豉、辣椒酱（调味品）、炸辣椒油"等商品上。此案成为"2003年中国十大典型维权案例"。

与此同时，老干妈还起诉了"老干爹"。在很多商超中，老干爹经常与老干妈辣椒酱摆放在一起销售。这导致很多消费者误以为老干爹就是老干妈的系列产品，或者与老干妈"沾亲带故"。虽然这两个品牌同在贵阳这个城市，却毫不相干，甚至"不共戴天"。

老干爹和老干妈这两个品牌存在诸多共通特点：第一，在品牌定位方面，老干爹和老干妈都以辣椒为原料，专业生产调味品。第二，在品牌故事方面，在"互联网+"时代，任何一个好的产品都需要一个好的故事。

陶华碧在丈夫病逝后，不得不肩挑重任艰难养家。在这样的情况下，陶华碧开始摆摊销售米粉，由于价格实惠，分量足，口感好，深受食客的欢迎。遇到没钱吃饭的学生，陶华碧甚至不收钱。在这样的口碑中，陶华碧被学生们亲切地称为"老干妈"。

老干爹其前身是贵阳流花饭店。老干爹总经理邓承俐公开宣称，20世纪80年代初，其中一位老师傅常被消费者称为"老干爹"。

从老干妈和老干爹的故事中不难看出，同样的经营范围，雷同的品牌故事，在消费者眼中，似乎出自同一个编剧之手。尽管品牌的名称相差一个字，实际上二者却没有任何关系。

为了把老干爹区隔开来，陶华碧决定终结难解难分的混战。2002年，当陶华碧赢得"老干妈"的商标诉讼之后，一纸诉状把"老干爹"告上法庭，起诉的理由是，老干爹借助老干妈之名捆绑销售，甚至连系列产品的名称也与老干妈亦步亦趋。

老干妈出示证据称，各地超市常常有意将老干爹产品与老干妈产品摆放在一起捆绑销售，甚至制造"亲戚关系"，目的在于混淆品牌，误导消费者。此后，双方战火不断，两个品牌就因为商标的争夺大打出手，官司纠纷不断。[①]

在这场纷争中，尽管老干爹也理直气壮，但是陶华碧已经把老干妈的生意做到销售额突破50亿元，老干爹不仅鲜为人知，还背负"山寨品"的骂名。这究竟是为什么呢？究其原因是，在任何一个行业，第一品牌多是"先入为主"的。由于老干妈品牌在前，老干爹在后，而且老干爹常采用沾亲带故的销售手法，被认定为有侵权之嫌也是情理之中的事情。

在老干妈辣椒酱形成相对强势影响力之后，不管是"老干爹""老干娘"，还是"干儿子"，要想超越老干妈，必须在产品质量上超过它，否则消费者都只会接受老干妈的品牌形象，并以此为标准。而后来者即使付出几倍甚至几十倍的代价，也难撼动老干妈的强势地位。[②]

可见，要想撼动老干妈的地位很难，因为老干妈的"另类"成功方法是"老干爹"等企业所望尘莫及的。尤其是陶华碧注重大众口味，在用料、配料、

[①] 杨沁锟.品牌混战：老干妈如何狙击"老干爹们"？［N］.商界，2014（10）：35—37.
[②] 杨沁锟.品牌混战：老干妈如何狙击"老干爹们"？［N］.商界，2014（10）：35—37.

工艺拿捏等方面非常讲究。这些绝技都是其他企业无法超越的。

用陶华碧的话来说就是，"**上对得起祖宗，下对得起百姓，还要对得起党和政府。实实在在、诚诚恳恳地做，讲质量，还要讲产量**"。

当我们重新来思考老干妈的商标维权时，老干妈给中国企业的启示有如下几点：

第一，有效地防范一些恶意地"傍名牌"的行为，损害企业的正面形象。在很多商业事件中，一些小作坊，甚至是生产伪劣产品的小公司，通过注册知名商标相似的企业名称，或者商标，以极其低廉的价格批发产品到三四线市场，这些市场的消费者对知名商标或者知名品牌的认知度相对较低，即使是山寨或者假冒，这部分消费者也识别不出来，同时也没有太多的维权意识，直到引发安全问题时，这样的事件被媒体一波接一波地披露出来，不仅损害了知名品牌的利益，同时也危及知名企业的商誉。

第二，注册相似商标，建立商标保护池。这样的做法是当企业注册相似商标后，即使那些投机者，也很难恶意注册相似性商标，有效地保护知名商标企业的利益。

第三，创建打假队伍。面临大批仿冒的问题，陶华碧不得不开始花大力气打假。为了有效地打假，陶华碧拨款数百万元成立贵州民营企业第一支打假队伍，开始全国的打假之旅。

2013年，老干妈再次实施打假行动，仅仅在四川省就有三家公司涉案，它们分别是"川干妈"——生产企业四川省眉山市宏腾佳味食品有限公司、"四川干妈"——生产企业川外川食品有限公司、"家香干妈"——生产企业好家香食品有限公司。

由于这三家公司的产品在构成要素、排列、整体外观等方面与贵州老干妈商标无显著差别，而且瓶贴上所用商标与老干妈生产的风味豆豉辣椒瓶贴商标极度相似，容易混淆消费者视听，贵州老干妈因此举报涉嫌商标侵权。除了上述三家企业外，还有四川省川南干妈食品有限公司也傍上贵州老干妈。

2013年9月初，贵阳市南明区工商局接到贵州老干妈的举报称，位于四川省眉山市的3家生产豆豉辣椒的企业，瓶贴上所用商标与贵州老干妈生产的风味豆豉辣椒瓶贴商标几乎相同。在接到举报之后，贵阳市南明区工商局对此高度重视，立即组织执法人员对四川省眉山市宏腾佳味食品有限公司、川外川食品有限公司、好家香食品有限公司三家公司的产品瓶贴商标进行认真比对与分析，掌握充分的证据之后，最终确认了其侵权行为。

2013年9月9日上午，在贵阳市南明区政府的统一部署下，南明区工商局党组指派经检大队一行4人组成专案组飞赴四川省眉山市打假维权。当日下午，南明区工商局执法人员赶到了好家香食品有限公司生产现场，在眉山市当地工商部门的积极配合下，工商局执法人员当场收缴"家香干妈"标识17500张、成品72件（每件24瓶），其中部分产品刚生产出来正在进行包装。

2013年9月10日，执法人员又奔赴四川宏腾佳味有限公司和眉山川外川食品有限公司，在四川宏腾佳味有限公司收缴"川干妈"标识22000张、成品431件（每件24瓶）；在眉山川外川食品有限公司收缴"四川干妈"标识10万张、成品520件（每件24瓶）。[①]

贵州南明区工商局此次打假行动，一共收缴侵犯"老干妈"商标专用权标识139500张、成品1023件，为老干妈挽回直接经济损失上千万元。

在贵州，积极打假的还有贵州茅台酒。2012年11月5日，贵州茅台派出120名营销人员和30名打假人员奔赴全国各地，开始与假酒大决战。

在打假路上，贵州茅台的确做了不少工作，2011年投资1.8亿元建设茅台酒流通追溯体系，以期望提升茅台酒防伪功能。公开数据显示，2011年，贵州茅台配合执法部门查获假茅台酒23.6万瓶，假冒茅台王子、迎宾等系列产品2.46万瓶，各种侵权酒14.9万瓶。

---

① 仇晓东，段任飞.屡打不止　贵阳"老干妈"饱受侵权之苦.中国商报知识产权导报，2013-10-10.

这组数据足以说明，贵州茅台的打假行动是卓有成效的。茅台公司华中片区打假办冉主任表示，这次茅台打假确有其事，假酒已经对贵州茅台造成了极大危害。

其实，由于独特的地理优势，贵州的产品很难被复制。在《日本人为什么偷不走我国的茅台》一文中，经济学家郎咸平这样写道："为什么失败？因为茅台酒不能离开那个地方，离开了那个地方，微生物就是不一样的。不一样的微生物造出来的酒就是不一样的酒。"

在郎咸平看来，贵州茅台的生产离不开贵州，因此，郎咸平得出结论：所有酒厂的研发都必须围绕着历史所赋予你的这些"微生物"进行。酒厂的研发都必须在历史和地理的基础之上进行才有价值。由此可见，如果贵州老干妈和贵州茅台等企业不积极打假，就会使本行业受损，同时伤害自己来之不易的品牌信誉。

第五部分

占位：
占领消费者心智，
占位最有利价格区域

钱来得再快,也不能贪多。滴水成河,把一个行业做精。我们利很薄,就靠量,薄利多销。靠暴利那是不行的,滴水成河,粒米成箩。

——老干妈创始人 陶华碧

第10章　占领消费者心智

在中国企业案例中，陶华碧创造的营销奇迹让我叹服。究其原因，老干妈的市场拓展是建立在几乎没有广告，完全凭借消费者的口碑宣传的基础上的。在陶华碧看来，老百姓的口碑宣传就是最好的广告。

在建厂之前，陶华碧就坚定了完全依靠口碑营销的这个原则，很多消费者正是通过亲戚或者朋友的介绍而专程坐车赶来购买辣椒酱的。其后，尽管老干妈的规模做大了，但是陶华碧的宣传理念仍然没有变化。在她的意识中，好的产品才能赢得消费者的口碑，而口碑才是最好的宣传之道。

择善固执

在中国的诸多商业案例中，一瓶看似普通的、不足10元价格的"老干妈"辣椒酱，凭借口碑相传的营销方式保持多年销售额连续增长，不仅赢得全球华人的一致好评，一度享誉世界各地，甚至还成为登上美国奢侈品销售网站的国际品牌。[1]

这背后的营销逻辑是，在大量的产品信息渠道研究中，口碑传播是一个

---

[1] 张平.老干妈拒绝上市让谁汗颜[N].城市导报，2014-04-15.

被消费者经常使用且深得消费者信任的信息渠道。举例来说，有59%的电脑用户或打算购买电脑的消费者会从朋友、同学那里获得产品信息，而40.4%的人最相信朋友的介绍。在空调、保健品、洗发水、房屋等产品的购买过程中，分别有53%、49%、35%和32%的消费者会通过朋友介绍获得相关产品信息，而最相信朋友介绍的消费者分别为35%、28%、15%和18%。[①]

一般地，在口碑传播中，有三个共同的特点，见表5-10-1：

表5-10-1 口碑传播的三个特点

序号	特点	详情
1	可信度高	某个用户通过使用自己的某款产品体验，向自己的族群——朋友、亲戚、同事、同学——等群体分享其产品的种类、品质、价格、市场供给状况及其变动趋势的信息，其可信度更高。
2	针对性强	口碑传播通常都是通过族群——朋友、亲戚、同事、同学——等群体传导，其特点是针对性强，拥有相当接近的文化、观念、意见和价值判断，更容易理解和认同相互的消费观念。
3	传播成本低	与常规的广告投放不同的是，口碑传播是利用族群——朋友、亲戚、同事、同学——有效信息的传播特点，形成不用另外付费，成本几乎为零。

从表5-10-1不难看出，形成口碑的关键与企业在产业链中的话语权有关，比如，老干妈在产业链上的优势，核心在于其拥有无可替代的产品优势。

陶华碧始终认为，老干妈的口碑营销，源于产品在创新时始终把用户的需求放在首位。只有把一切看似复杂的技术化繁为简，才能够让用户铭记于心。为此，老干妈在研发和设计产品时，把产品创新贯穿在以人为本的设计理念中。

1994年，为了更好地发展贵阳的交通，当地政府修建了环城公路，昔日偏僻、似乎没有多大商业潜力的龙洞堡地区一时间热闹起来。环城公路的修建使得龙洞堡成为贵阳南环线的主干道，途经此处的货车司机日渐增多。

[①] 易玲.口碑传播显示品牌忠诚度[J].科技智囊，2001（10）：82—82.

大多数货车司机的一日三餐在路边解决。路修好后，这些货车司机成为陶华碧所经营的"实惠餐厅"的主要客源。当这些货车司机用餐时，陶华碧向他们免费赠送自家制作的豆豉辣酱、香辣菜等小吃和调味品，深受货车司机的欢迎，并口口相传，推荐其他的货车司机来此就餐。

经过货车司机和本地食客的口头传播，"龙洞堡老干妈辣椒"的名号也因此在贵阳周边不胫而走，很多食客甚至为了尝一尝陶华碧加工的辣椒酱，专程从贵阳市区开车来到位于贵州省公安干部学院大门外的"实惠餐厅"购买辣椒酱。

起初，对于这些慕名而来的消费者，陶华碧都是半卖半送的。但是渐渐地，光顾的消费者实在太多，陶华碧觉察到已经"送不起了"。1994年11月，陶华碧把"实惠餐厅"更名为"贵阳南明陶氏风味食品店"，不再销售米豆腐和凉粉，而是集中销售辣椒酱系列产品。尽管陶华碧调整了销售产品的结构，但是小店的辣椒酱产量依旧供不应求。

通过口碑传播，老干妈辣椒酱成功地实现了销售。究其原因，口碑的概念源于传播学，很多商家广泛地将其应用到市场营销之中，因此才有了口碑营销。口碑营销的可信度较高，原因在于口碑传播的受众发生在朋友、亲戚、同事、同学等关系较为密切的群体之间，在口碑传播购买的产品和服务体验的信息或者品牌之前，已经建立了一种长期稳定的关系，效果自然更为有效。

与纯粹的广告、促销、公关、商家推荐等相比，口碑营销的可信度要高得多，影响也更大。反观老干妈的口碑营销，就是通过陶华碧先期的免费赠送，形成小范围的口碑；随后再通过消费者之间的口口相传，最终形成家喻户晓的极佳口碑。即使远在北京，同样也会因为口碑，让我接触到老干妈辣椒酱。1998年，一个遵义同乡从贵州带了几瓶老干妈辣椒酱分享给在京的亲友们，香飘四溢的家乡香辣口感一下子征服了包括我在内的贵州人，从此也结下了一段深深的情缘。

不在广告上花一分钱

无论是在电视、报纸、杂志，还是在电台广播上，我几乎没有发现老干妈的广告。这的确引起了我的好奇。老干妈凭借什么畅销海内外？

在中国，老干妈的畅销顺理成章，但是能够赢得海外华人的认可，就必有其核心秘诀。当然，媒体也在试图揭开老干妈畅销的"独孤九剑"。如"网易财经综合"栏目以"老干妈从不打广告，为什么火遍世界？"为标题分析了陶华碧的经营策略。

该文是这样客观地阐述陶华碧的："渠道、终端、品牌，各自被梳理成市场营销的主线。但老干妈一直行走在营销的原点，致力产品。商品（包括物质的产品和服务）是以产品本身为消费者提供服务的，一切营销的手段及方法，都只是提供了一个让商品到达消费者的渠道，而商品本身，才是消费者最初的希望。"

这样的分析是有根据的，对于消费者来说，最关心的还是商品本身。对于任何一个商品而言，都是以产品本身来满足消费者的某些功能或者提供服务的。一切的营销手段及方法不过是提供了一个让商品到达消费者手里的渠道而已，消费者购买商品本身，才是消费者最初希望购买到的某些功能或者体验。

当然，这与陶华碧创业之初的经历有关。创业初期，陶华碧就形成了"别样"的销售路子。在很多百年老店中，过硬的工艺和产品品质形成的口碑经久不衰，而且消费者的忠诚度较高。同样，陶华碧清楚地知道，要想把辣椒酱做下去，产品的品质是必须严控的一道关口，这不仅可以形成品牌黏度，同时还可以建立一道产品壁垒，使竞争者难以超越。正是这种打造百年老店的长远眼光和身体力行的做法，陶华碧赋予老干妈辣椒酱特有的品质，特有的乡愁味道。

让消费者买得放心，吃得安心。正是这种朴素的初心，让老干妈赢得了至关重要的口碑。口碑传播完胜广告营销，这也是老干妈从不打广告的原因之一。陶华碧曾在接受采访时坦言："**我从来没有打过广告，靠消费者的口碑一个传一个，有华人的地方就有我们的产品。**"

据经销商林先生回忆称，他所在的贸易公司成为老干妈广东地区的经销商时，正好是老干妈的起步时期。老干妈的要求是，经销商只靠口碑营销。如果地方经销商急于占领市场，在当地投放广告，费用由经销商自己承担。

久而久之，像林先生一样的经销商逐步放弃广告推广，这样做不仅降低经销成本，更为重要的是，老干妈凭借口碑就能获得销量的爆炸式增长。林先生介绍说："1998—2004年，感觉就像突然发酵了一样，销量猛增。"

尽管老干妈一两年才进行一次产品更新，但是这样的成绩给老干妈一个正面的注脚，更显出一股强大的产品威力。占据老干妈辣椒酱销量前三的品种，常年不变。林先生认为："公司对于推出新品是很谨慎的，其他品牌不断推出新产品抢占市场的方式，对于老干妈来说没必要。"

可能有读者认为，在"互联网+"时代，企业不打广告，其实是具有浓厚的"酒香不怕巷子深"观念，这样的思维已经不合时宜了。然而，陶华碧却用口碑营销让老干妈的产品走进了老百姓的生活，走上千家万户的餐桌，远销海外，做到了"有华人的地方，就有'老干妈'香辣酱"。

显然，消费者的口头传播是最直接、最真实的广告形式之一。短时间内，好的东西、好的味道在亲朋好友的推荐、传播中走出贵阳，走向全国，迈向世界。要想让消费者传播口碑，陶华碧把做广告节省下来的资金用于保持新产品质量以及打假上。老干妈从不在产品包装上投入过多的心思，哪怕被外界不少人认为"土"。对于这个"土"，陶华碧有自己的看法：包装便宜，那就意味着消费者花钱买到的产品更实惠，省下来的可都是真材实料的辣酱，寻常百姓居家过日子，就是图个实惠，又不拿辣酱去送礼，自家吃只要质量好、味道好就行了。虽然利润不高，但是老干妈的增长得到保障。[1]

---

[1] 杰笃.老干妈从不打广告 为什么火遍全世界［J］.中国中小企业，2015（01）：016—017.

口碑营销比广告更为直接和有效

事实证明，老干妈既是口碑营销的受益者，又是口碑营销案例的书写者。陶华碧的营销思路就是，老干妈产品不用打广告，也从来不做广告，产品的营销对于陶华碧而言都不是问题。一个重要的原因是老干妈的产品有口皆碑。

众所周知，任何一个企业做广告，目的在于占据消费者的心智，进而谋求更大的市场占有率。广告的语言简单明快，富有冲击力，如果能够唤起消费者的共鸣，它就能够促进某个产品成为"爆款"。不过，经过分析后我们发现，企业的最终目的是能够占领消费者的心智，广告只不过是一种传播介质，有的企业可以通过产品本身就能达到这样的效果，比如老干妈。看似老干妈没有做过什么广告，也没有让明星为其代言，但是老干妈的产品早已完成了消费者心智的占领。

20世纪90年代，部分企业热衷于重营销、轻产品模式，倚重投放广告来传播产品核心价值。当时广告的传播是单向的，只要在电视或者杂志上做广告，就能达到广而告之的效果。于是很多企业不惜血本在电视台投放广告，甚至在主流媒体死拼"标王"。成为"标王"之后，迅猛的广告席卷中华大地，有的一举成为全国知名名牌，有的则经过高速发展之后迅速陨落，比如秦池。

1995年的秋天，原秦池酒厂厂长姬长孔励精图治之后，秦池酒厂的销售额超过1亿元，甚至在北方白酒市场攻城略地，小有名气，秦池的发展迅猛而稳健。此刻，姬长孔熟悉的朋友给他打电话问去不去梅地亚中心，而正是这个电话改变了秦池的发展轨迹。

1995年11月8日，为了赶赴此次广告招标大会，姬长孔特意穿了一件西装，尽管式样陈旧，但也是精心打扮了一番。当姬长孔第一次出现在梅地亚中心时，他绝对没有想到，这里会成为他的幸运之地和伤心之地。一年之后，姬长孔成为这里最耀眼的人物，而三年后，当姬长孔又一次企图进入那道玻璃旋转门时，却因为没有"出入证"而被拒之门外。

财经作家吴晓波为此写道："在这里，他见到了很多名声显赫、笑傲天下的江湖大佬。在饮料食品行业，真可谓群雄荟萃，有风头正健并互相较劲的宴酒、家酒兄弟，有崛起不久的饮料新贵娃哈哈、乐百氏，有最近以地毯式广告而闻名一时的沈阳飞龙、三株口服液，还有刚刚在一场官司中败下阵来的已经有点日薄西山的太阳神，如果一切如意，他也很快将成为炮制这些名品的豪杰中的一员……11月8日的梅地亚中心，是一个造梦之地、疯狂之地，一出绝世的癫狂戏剧即将上演。"

为了能够拿下"标王"，姬长孔随身携带了3000万元的广告费，这几乎是1994年秦池酒厂1年的所有利税之和。

时隔多年，姬长孔坦言，此行的他打算在梅地亚中心豪情一搏。按照当时电视台的规定，所有竞标的广告必须由广告中介公司来代理。姬长孔与一家影视交流公司合作，让其成为秦池的广告代理商。当被告知只有3000万元的广告费时，广告代理商毫不客气地说，在梅地亚中心，这个数额的广告费只能起到一颗中型炸弹的效果，达不到爆炸出一个轰动天下新闻的"当量"。

姬长孔问道："那大概需要多少？"对方回答："6000万元。"这笔广告费意味着3万吨白酒的销售收入，而这3万吨白酒足以把梅地亚中心淹没一半。

经过一番紧急的谋划，一个新的标底终于浮出水面。在竞标大会上，几乎所有的关注都集中在"两孔"身上。孔府家酒开出的标底竟然是上届"标王"的2倍，达到6298万元；尝到甜头、因加冕"标王"而声名大振的孔府宴酒当然不肯服输，开出了6398万元的标底，比孔府家酒高出100万元。然而当唱标结束时，山东秦池酒厂以6666万元力压同侪，竞得"标王"。

当秦池获得"标王"后，人们不禁会问："谁是秦池？""临朐县在哪里？"从当时的一张照片可以看出，在场的姬长孔还很不习惯镁光灯的聚焦及众多记者的簇拥，在拥挤的人群中，在火一样蹿升的热情中，他还笑得不太自然。但他显然知道，他终于来到了华山之巅。

不可否认的是，广告在一定阶段能够提高企业的销售业绩。获得"标王"

后的秦池得到了巨大的造势回报，迅速成为中国白酒市场上最为显赫的新贵品牌之一。1996年，秦池对外通报的数据显示，当年度企业实现销售收入9.5亿元，利税2.2亿元，分别为上年的5倍和6倍。

1996年11月，获得"标王"而名扬天下的姬长孔再次来到梅地亚中心时，与会的企业家都能嗅到一丝更加惨烈的味道。

随后的广告竞标从一开始就如同一匹脱缰的马，让在场的企业家难以驾驭：广东爱多VCD最先报价8200万元，超出1995年秦池标王1000多万元。只有两周岁的爱多VCD第一次在梅地亚中心亮相，就超越了前人的标杆，此时它已经显露出"标王继承人"的霸者之气，日后它将演绎一出更为悲烈的大剧，并最终走上一条不归之路。

随后，生产空调的江苏春兰，报价1.6888亿元，这样的加注震慑了一大批企业家。然而，仅仅过了几分钟，广东乐百氏以1.9978亿元的报价打破沉默。在场的很多企业家都以为，1996年的11月8日将属于广东乐百氏了。

然而，随后出场的却让所有人从极度的兴奋转入了极大的愕然。乐百氏之后，名不见经传的山东白酒金贵酒厂以2.0099亿元的报价再次刷新纪录——中国广告报价自此首度突破2亿元。山东白酒金贵酒厂企图与秦池一样一鸣惊人。

接下来，又一家从未听说的山东齐民思酒厂更上一层楼，开出2.1999999999亿元的"天王级"报价。这时，终于轮到秦池了。当主持人念到"秦池酒厂"的时候，沸腾的全场顿时变得鸦雀无声。人们似乎预感到将有奇迹发生，谁也说不清此刻的心情：期待、忌妒、憎恨、渴望……猛然，主持人声嘶力竭地叫道："秦池酒，投标金额为3.212118亿元！"

秦池再次赢得"标王"，这一刻，姬长孔肯定终生难忘。秦池和他的事业在此时达到了前所未有的巅峰。且不管其中飘浮着怎样的疑云或荒诞，毕竟1996年11月8日的那个梅地亚中心是属于秦池的。可是，也是在这一刻有人预感到了不祥。犹如节日一道迷人的冲天焰火，在陡然而起的万丈光芒之后，不可避免的是骤然坠地的永恒消逝。

第11章　占位最有利价格区域

长期关注调味酱行业零售价格的人会发现，老干妈的售价一直都较为稳定，并坚守价格定位，价格涨幅微乎其微，不给对手可乘之机。在老干妈本身强势的品牌力下，竞争对手们，要么为了低价导致低质，要么放弃低端做高端，而佐餐酱品类又很难支撑高端产品。[1]当老干妈占位最有利价格区域时，给调味酱行业竞争者的定价出了一个难题，同时也无形中构筑了一道难以越过的门槛。

另辟蹊径

"真不二价"，尽管胡雪岩的这四字金律已经有百年的历史，但是仍然被很多经营者视为圭臬。

作为富可敌国的徽商代表胡雪岩，"真不二价"是其经商精髓之一，也是其取得成功的关键。提及"真不二价"，可能有些读者不熟悉。

其实，"真不二价"还是一个成语故事。据说，古代有一个人叫韩康，此人深谙医道，以采药、卖药为生。

---

[1] 郝北海."老干妈"：逆营销下塑造商业传奇［N］.科技日报，2015-01-13.

在当时的药市上，经常有卖药者以次充好，以假乱真，很多购买者也因此讨价还价。然而，唯独韩康的药材始终质量一致，价格一致，不允许顾客讨价还价。

有的人就问韩康："为什么你的药价钱不能变？"

韩康回答说："我的药值这个价，就卖这个价，这叫'真不二价'"。

结果，病患者服用了韩康销售的药后，疗效果然最好。于是，"真不二价"便在民间传播开了。

"真不二价"倒过来读就是"价二不真"，同一件商品，价格不尽相同，质量也就值得怀疑。压价赢得市场只是暂时的，在降低价格的同时常常伴随着质量的降低，质量保证不了，必然殃及信誉，无疑是搬石头砸自己的脚。

胡雪岩由此认为，在与对手竞争时，不能通过简单的压价策略，即价格战，只有"采办务真，修制务精"来确保药效，才能赢得市场。于是，胡雪岩还将"真不二价"匾高悬于店堂正中，告诫掌柜和伙计童叟无欺。

尽管胡雪岩的年代早已久远，不过，在当下食品安全和价格战一触即发的背景下，老干妈创始人陶华碧再次坚持"真不二价"的经营策略，还把这一理念发挥到了极致，赢得了消费者的认可和喜爱，使之终于成为豆豉风味辣酱的世界龙头。

客观地讲，"真不二价"不仅是企业经营的圭臬，也是竞争的最高境界，这个朴素的价值观为没有上过学的陶华碧赢得了消费者的认可，也阻击了竞争者无数次的"进攻"，老干妈是"真不二价"营销策略的佼佼者。

曾经的"老主顾"韩先生对"实惠餐厅"这个餐馆记忆犹新。据韩先生介绍，陶华碧经营的"实惠餐厅"，销售的米豆腐价低量足，自然吸引了附近几所中专学校学生的光顾。由于贵州相对比较贫穷，不少学生没钱付账，无疑就赊欠了陶华碧经营的"实惠餐厅"很多饭钱。陶华碧并未因此难为这些学生，通过了解，对凡是家境困难的学生所欠的饭钱，一律销账。韩先生回忆道："我的印象是她只要碰上钱不够的学生，分量不仅没减，反而还额外多些。"

筑起行业壁垒

企业通常会根据不同市场，确定其产品的定价。一般与企业的销售策略和市场地位有关。在市场营销中，作为市场营销组合中一个十分关键组成部分的定价策略，往往关乎企业的利润，企业经营者为产品定价就成为一个极其复杂的过程。

一般来说，商品的价格是影响交易成败的一个重要因素，且是市场营销组合中最难以确定的因素之一。因此，企业经营者采取不同的定价方法，得到产品的基本价格，再根据具体的市场环境、产品条件、市场供求、企业目标等灵活地运用适当的定价策略和技巧，制定最终的销售价格，以期达到扩大销售，增加企业利润的目的。这要求企业经营者既要考虑成本的补偿，又要考虑消费者对价格的接受能力，使定价策略具有买卖双方双向决策的特征。

作为调味品，陶华碧自然也不会把价格定得很高，更不可能定位在奢侈品。究其原因，陶华碧清楚地知道，价格往往决定着品牌和目标人群的定位，价格变动，不只是企业利润和销量的变化，更是品牌定位的转移，尤其是企业具有领先市场份额的情况下，提价，往往是给对手让出价格空间。[①]

以老干妈的主打产品风味豆豉和鸡油辣椒为例，其主要规格为210g和280g，其中210g规格锁定8元左右价位，280g占据9元左右价位（不同终端价格有一定差别），其他主要产品根据规格不同，大多也集中在7—10元的主流消费区间。基于老干妈的强势品牌力，其他品牌只能选择价格避让，比如，李锦记340g风味豆豉酱定价在19元左右，小康牛肉酱175g定价在8元左右，要么总价高，要么性价比低，总之都难与老干妈抗衡。[②]

学者郝北海直言："这也造成了调味酱行业定价难。低于老干妈没利润，

[①] 郝北海."老干妈"：逆营销下塑造商业传奇[N].科技日报，2015-01-13.
[②] 郝北海."老干妈"：逆营销下塑造商业传奇[N].科技日报，2015-01-13.

高过老干妈没市场。老干妈的价格一直非常稳定，坚守价格定位，价格涨幅微乎其微，不给对手可乘之机。在老干妈本身强势的品牌力下，竞争对手们，要么为了低价导致低质，要么放弃低端做高端，而佐餐酱品类又很难支撑高端产品。"

  陶华碧的做法无形中筑起了一道行业壁垒，一旦定价低于老干妈的零售价格，其利润几乎为零；一旦定价高过老干妈的零售价，消费者通常会拒绝购买，更不可能占领老干妈的辣椒酱市场。

第六部分

专注：
绝不冒进，筑起稳健防火墙

我做本行，不跨行，就实实在在把它做好做大、做专做精。这也做那也做，你哪有那么多的精力？我一心投入辣椒行业，越做越大，而且要做好。

——老干妈创始人　陶华碧

第12章　现款现货

学者邓琼瑶曾评价老干妈称："几年来，作为酱类调味品领导者的老干妈就像一位埋头疾行的剑手，身影绝世而孤独。"

原因是，在完全凭借经销商赊销打天下的快消品行业，创始人陶华碧像一位埋头疾行的剑手，始终坚守现金为王、现款现货的经营策略，即使企业遭遇融资难和钱荒的年头，陶华碧依旧如此。

在这里，需要提及的是，陶华碧坚持的"现款现货"，是指一手交钱，一手交货，进行现钱、现货交易，解决了账期和应收账款的棘手问题。

没有应收账款和应付账款

自古以来，历代经商者便有自己的经营之道，不是每个企业都应去套用六西格玛（Six Sigma）、福特生产流水线、丰田生产体系（Toyota Production System，TPS）等著名的管理理念。

通常，创业者们会根据自己的实际经营情况选择适合的生产模式。当然，在作坊式店铺经营中，诸多先进的管理思维有点大材小用，这就是以售卖米豆腐为起点的老干妈坚持现款现货的一个重要原因。

第一，陶华碧坚持这样的经营思想，源于当初的创业经历。在创业的早期阶段，不管是购买辣椒原料，还是首次购买装辣椒酱的玻璃瓶，其金额都不大，通常只有几十元，现金支付就非常容易解决问题。

第二，作坊式企业规模太小，无法通过巨额的规模来获取竞争优势，只能通过技艺改良来建立行业壁垒。

第三，简单的现款现货策略可以让不识字的陶华碧发挥最大化的经营能力，避免了大量的应收账款无法收回的事情发生，同时也保证了资金的周转率。

在陶华碧的经营中，始终坚守"现款现货"模式，这样的好处是，解决了老干妈的现金流问题，避免了因为应收账款坏账或者应收账款周期过长导致的诸多问题。例如，企业创始人张三持有20万元，购买土地耗费15万元，转手销售了30万元，利润为15万元。然而，账面收入虽然是15万元，但是直到5万元的现金花光，仍然没有收回销售土地的30万元，企业创始人张三不得不宣告所经营的企业破产。

从上述案例可以得出结论，应收账款只是账面的利润，只是债权，而不是利润，甚至不是将产品转变成现金。债权存在的风险是显而易见的。

又如，某上市公司股东之一的金先生在接受媒体采访时介绍称，该企业曾经年平均营业收入达到1亿元以上，如今却要面临倒闭。导致企业倒闭的重要因素是收不回应收账款。金先生说道："公司的应收账款未回款项挤压太多，金额达1.4亿（元），而现金流断了。不重视回款、催款力度不够是直接导致公司无法经营下去的原因，而最长的逾期款项账龄达10年之久，从2008年至今！"

金先生补充说道："当时公司的应收款也多，现金流也充足就没考虑之前的逾期账款，等到公司没钱了，才想起要催收之前的逾期账款就晚了。回款都不够花的，当时公司的应收账款管理制度，还有老板的不重视是造成逾期款拖延严重的主要原因。再次是财务经常更换，记了一本本烂账，现在回想起来应收账款是真的很有必要好好管理的。"[1]

---

[1] 大象IPO.应收账款，竟让一家上市企业倒闭！［EB/OL］，2018-12-09 http://dy.163.com/v2/article/detail/E2KAR3BK0518IH6H.html.

金先生所言的案例并非个案。鉴于此，无论是收购农民的辣椒，还是把老干妈辣椒酱销售给经销商，陶华碧永远都坚持是现款现货。多年以来，陶华碧从没改变过规则：一手交钱，一手交货。在这一点上，陶华碧绝不会让步，即使在"老干妈"刚刚起步资金困难时，陶华碧也是如此。

贵阳第二玻璃厂厂长毛礼伟回忆说："当时她给我打了个电话，说要一万个瓶子，现款现货，我真有些不敢相信。"就是这样，二十多年来，老干妈没有应收账款和应付账款。

随着企业规模的扩大，陶华碧依旧坚持现款现货的支付模式，源于其强劲的现金流。即使老干妈已经今非昔比，在采购辣椒等原材料时，采购的金额可能已经超过千万元，但是仍旧坚持现金采购，把坏账的概率降到零。

鉴于此，当把老干妈辣椒酱批发给经销商时，陶华碧始终坚持现款现货，也没有应收账款和应付账款，现金流高达十数亿元人民币。

充足的现金流

我在调研企业的过程中发现，很多创业者因为应收账款过多，又无法融到企业经营必需的资金，使得企业经营举步维艰，导致现金流断裂，更有甚者，有的创业者选择结束自己的生命。

在很多企业中，应收账款过多是一个常见的顽疾，即使是像长虹这样的大型企业，同样因为应收账款而出现呆账，结果使得长虹的经营一度陷入困境。当然，这样的顽疾与企业的决策者有关，一些制造企业为了拓展自己的渠道，或者尽可能地抢占市场份额，不考虑应收账款存在的潜在风险，盲目地发货给经销商。

殊不知，这样的做法对制造企业来说，可谓是一把双刃剑，一旦应收账款无法收回，必然造成无米下锅的境地。巨人集团创始人史玉柱就直言应收账款给企业经营造成的危害。史玉柱回忆说道：

巨人（发展到）高峰的时候，有3亿元的烂账，其中有2亿元是因为管理不善而（导致）烂（账）的，有1亿元是因为意外（导致）的。

为什么会（导致）烂（账）的？因为我们的货款是赊销的，所以在低谷的时候我们就制定，哪怕我做得再小，我所有的产品（都）现款现结，你不做就不做，但是我就是现款现结。（在）开始（时）很难，大家都说做不到（现款现结），但是咬咬牙（就）撑过来了，最后也做到了（现款现结），所以现在和我们做生意的公司全部都是现款现结。

当然，我们也不欠别人的钱，所有供应商的款，我们也给你现款现结，广告费我们也给你现款现结，就是我们也给你付出去，但是我们不欠别人的，别人也别欠我的。

实际上这样（的模式）一旦进入良性循环，大家知道你这个企业就是这个行为，想和我做生意，就是这样的，慢慢被认可了，也就做到了。脑白金累计几十亿元的销售额，没有一分钱烂账。

史玉柱的反思印证了陶华碧现款现货经营范式的合理性。与此同时，老干妈坚持现款现货经营原则到近乎偏执的程度，一分钱一分货，即使是大经销商，也不例外，没有任何特权。

凭借现款现货的经营策略，老干妈在拥有巨大现金流的同时，提升了省级代理的门槛。在接受媒体采访时，作为代理商的林先生介绍说道："要给总公司一两千万元的保证金，证明你有这个实力做代理……仅广东地区，每年的销售额都能达到3亿元—5亿元。"林先生补充说道："即使占老干妈全国1/10强的销售额，代理经销商仍然没有争取到账期的'特权'。"

业内专家对此分析，由于老干妈不存在同业竞争者，加上产品不愁销售，所以能够做到现款现货。这一点也得到林先生的肯定。林先生说："自己经销老干妈十几年，眼看其他品牌的起落，只有老干妈一枝独秀。即使是现款现货，代理授权也很难拿。"

第13章　筑起稳健防火墙

陶华碧坚守的稳健发展策略，为老干妈这艘大船扬帆远航提供了坚实保障。在老干妈的发展过程中，陶华碧始终坚持稳健的企业战略，有效地保证老干妈的持续经营和基业长青。正因如此，陶华碧也给自己筑起了一道安全的防火墙。正如陶华碧所言："**我们有多大的本事，就做多大的事，实实在在来做，这样子比较长长久久。**"

贴息贷款也不贷

对于边界扩张，陶华碧始终坚持"有多大的本事，就做多大的事"。对于陶华碧的稳健扩张，学者余胜良在《证券时报》上批评说道："不借贷当然没压力，但这并不值得学习和倡导。经济运行的核心是金融业，金融业起到资源配置作用，将社会闲余资金积累起来，投向能赚钱的行业。借贷可以集中力量办大事，也可以让资金更有效率。国家发行国债投资于建设，这就是花未来的钱，对拉动经济增长有好处。相信老干妈也得益于中国经济借债式发展。不借贷只能靠自身积累，速度比较慢，也容易错失机会。"[1]

---

[1] 余胜良. "不赚中国人的钱" 老干妈不懂经济学[N]. 证券时报，2015-03-27.

在余胜良看来，每一个企业都尽可能地借助银行贷款来集中力量办大事，但是这样的范式也容易把企业引入他途。作为老干妈的创始人，陶华碧自然深知贷款的积极作用和负面影响。

凤凰网资讯为了解开陶华碧"不贷款"的谜底，采访了她。"您经营企业还有一个原则，不贷款。这是为什么？"

陶华碧是这样回答的："**我没有跟国家贷过款，贴息贷款我都不要。去贷款，都没压力，就没动力。自己去做，你晓得压力压在自己肩膀上，晓得去努力去奋斗。**"①

据陶华碧介绍，"政府很早以前就提出要扶持，我不要，我有多大本事就做多大的事，踏踏实实做，不欠别人一分钱，这样才能持久。"

陶华碧坚持不贷款的理由是，"**我不欠政府一分钱，不欠员工一分钱，拖欠一分钱我都睡不着觉。和代理商、供货商之间也互不欠账。我不欠你的，你也别欠我的，我用我的质量保证我的市场。有很多供应商都是从建厂维持到现在。**"②

在陶华碧的意识中，尽管不借贷，只能凭借自身的积累，以较慢的速度稳健发展，即使错失一些机会，总比因为还不上银行贷款而倒闭要强得多，这样的例子举不胜举。

2008年，金融危机席卷全球，作为出口大国的中国也受到极大的影响。

当企业家谈金融危机色变的时候，一个叫包存林的老板因为资金链断裂而自杀了。因为包存林是不锈钢城的大佬级人物，所以这条消息犹如一个重磅炸弹在兴化乃至泰州的街头巷尾炸开了，很多兴化乃至泰州人都在谈论着这件事情。

---

① 陈芳.独家对话老干妈：我不坚强，就没得饭吃［EB/OL］，2013-06-06. https://news.ifeng.com/exclusive/elite/special/laoganma/.

② 陈芳.独家对话老干妈：我不坚强，就没得饭吃［EB/OL］，2013-06-06. https://news.ifeng.com/exclusive/elite/special/laoganma/.

而后，在媒体的采访中得知，包存林是江苏兴利来特钢有限公司总经理，兴化不锈钢业领军人物之一。其经营的江苏兴利来特钢有限公司实现年产值近十亿元，利税过亿元。

读者可能会问，兴化不锈钢业领军人物之一，该公司业绩如此辉煌，这个亿万富翁在事先没有任何疾病征兆的情况下，为何突然自杀呢？

对于包存林的死亡，据知情人介绍，恰恰是因为包存林铺的摊子太大了。这个观点得到戴南镇同样做不锈钢生产的一位企业主的印证。该企业主在接受媒体采访时指出："包存林的负债主要是2008年兴利来的超速扩张。兴利来是大企业，从原料、生产、销售等各个环节都有涉足。"

据兴利来一位不愿具名的员工透露，除了高速扩张以外，"库存过高是资金紧张的又一个原因"。

据介绍，为融资，包存林先后向各大银行借贷数亿元，还贷成了其沉重的包袱，而金融风暴下不锈钢行情总体不景气更是雪上加霜。

与激进的扩张战略相比，陶华碧的经营策略就要稳健得多，即使在金融危机中，老干妈也能保持充裕的现金流，至少不会为了银行的贷款政策变更而烦恼。陶华碧凭借数十年如一日的稳健做法，使老干妈始终"稳"字当头，稳中求进，赢得了市场的认可，开创了一个商业传奇。

保持稳健的财务扩张战略

在改革开放的40多年激情四射的岁月里，对于诸多创业者而言，每一个行业都充满了无数潜力巨大的商业机会。人们以"时不我待，只争朝夕"的精神奋力拼搏。然而，辉煌之下多隐忧。无序扩张、盲目多元化使不少企业和企业家尝到了苦果。

正是看到激进扩张的负面作用，陶华碧在老干妈的规模扩张中，始终保持稳健的发展战略，绝不冒进。即使老干妈发展到一定的规模，陶华碧同样摒弃急功近利的投资行为。陶华碧清楚，只有稳健的发展型财务战略，才能把老干妈打造成为一家百年老店。

为了让老干妈稳健地发展下去，陶华碧始终坚持不要去贪大，要先把自己做强。为此，凤凰网资讯采访了陶华碧的小儿子李辉（李妙行）："有很多企业做大做强以后，开始走多样化，涉足最赚钱的行业。你们有没有心动过？"

李辉（李妙行）坦言，涉足赚钱的机会是很多的，也包括官员的推介。李辉介绍说："**七八年前，就有官员说让我们走多样化，比如可以做些房地产。但是我母亲坚持不做。如果当时做了，今天钱可能不是问题，但辣椒还能不能走到今天就不好说了。我母亲说，不要去贪大，要先把自己做强，吃的东西祖祖辈辈都可以延续下去。**"[1]

在陶华碧看来，贪大会影响老干妈的未来战略，坚持集中精力研发辣椒酱产品，才能使"吃的东西祖祖辈辈都可以延续下去"。这样的经营风格是打造百年老店的基础。对于新创建的老干妈来说，只有秉承创业初期的这种匠人精神，才能把老干妈打造成为一个名副其实的百年老店。

一般地，财务战略分为三种：

第一，稳健的发展型财务战略。所谓稳健的发展型财务战略，是指经营者既保证企业财务绩效的持续稳定增长，同时也保证资产规模平稳扩张的财务战略模式。

一般地，经营者实施稳健发展型财务战略，首要任务就是优化配置现有资源，提高现有资源的使用效率，同时通过利润积累来实现企业资产规模扩张的资金。

坚持稳健的发展型财务战略，能够有效地避免负担过重的利息。经营者

---

[1] 陈芳.独家对话老干妈：我不坚强，就没得饭吃［EB/OL］，2013–06–06. https://news.ifeng.com/exclusive/elite/special/laoganma/.

对通过负债来实现企业经营规模扩张的做法相对抗拒，甚至保持谨慎态度。

对此，有学者认为，经营者实施稳健发展型财务战略，一个典型的财务特征是"低负债、高收益、中分配"。

第二，激进扩张型财务战略。所谓激进扩张型财务战略，是指经营者试图实现企业资产规模激进扩张的财务战略模式。

通常，实施激进扩张型财务战略时，经营者在绝大部分乃至全部利润留存后，还积极地外部筹资，甚至更多地通过负债筹措外部资金，满足企业扩张所需要的资金。

第三，防御收缩型财务战略。所谓防御收缩型财务战略，是指经营者为了防范财务危机、求得生存和新发展而实施的财务战略模式。

一般地，经营者实施防御收缩型财务战略，首要的战略任务就是尽可能地减少现金净流出和增加现金净流入。

在很多时候，经营者削减分部、精简机构、出售边缘资产等，尽可能地盘活存量资产，集中一切资源，以增强企业主营业务的竞争力。

采用防御收缩型财务战略的企业，通常是在发展过程中曾经遭遇挫折，甚至是曾经实施激进的扩张财务战略导致负债包袱和当前经营上面临困难时采取的措施。

基于此，对于任何一个创业者来说，不管是保持稳健的财务战略，还是激进的财务战略，其前提是根据自身的特点来制定不同的财务战略。

稳健扩张

反观老干妈的发展之路，陶华碧第一次开始扩大"经营规模"，是用捡来的半截砖和油毛毡石棉瓦，一夜之间搭起了能摆下两张小桌的"实惠饭店"。

龙洞堡一带流传着这样一个故事：1984年，无职无业的陶华碧在206地质大队用砖头搭建了一个简易小吃棚经营凉粉凉面。凭借自己炒制辣椒技术和独特的传统配方,她将凉粉、凉面和米豆腐调制得别具一格,生意十分火爆。几年下来,在有了点积蓄后,为真心实意对待顾客,她建了个饭店并取名为"实惠饭店"。①

当陶华碧制作的辣椒酱得到消费者的认可后,陶华碧进行了第二次经营扩张。让陶华碧最担心的是,办厂就意味着要扩大规模,虽然办厂之初的产量相对很低,但是当地凉粉摊的需求有限,消化不了扩大的产能,所以多余的产能就不得不依靠自己去推销。

为了打开市场,陶华碧亲自背着辣椒酱,送到各食品商店和单位食堂进行试销。让陶华碧欣喜的是,试销效果奇佳。一周之后,试销的经销商纷纷打来电话要求补货,有的让陶华碧加倍送货。陶华碧按照经销商的要求,加倍把辣椒酱送到经销商处,结果很快又脱销了……

辣椒酱市场被陶华碧迅速打开了,尽管有一些挫折,但市场总体相对稳定,这让陶华碧吃了一颗定心丹。

1996年7月,陶华碧租借南明区云关村委会的两间房子,办起了食品加工厂,专门生产辣椒调味品,定名为"老干妈麻辣酱",也就是今天贵阳南明老干妈风味食品有限责任公司的前身。1997年10月,"贵阳南明老干妈风味食品有限责任公司"正式挂牌,工人一下子增加到200多人。

经过陶华碧的多番努力,"老干妈麻辣酱"得到贵阳当地市场的检验,稳稳地站住了脚。当"老干妈麻辣酱"供不应求时,摆在陶华碧面前的问题就是扩大规模。但是,从企业内部来说,盲目扩大规模,企业容易陷入追求数量而忽视质量的误区,低水平重复建设,效率低下。而且,基础不稳固的高速度发展是无法持久的,如果企业扩大规模超出了自身的管控能力,肯定会出大篓子。有些企业表面上规模很大,实际上资产质量却很差,面临种种潜

---

① 金阳时讯."老干妈"——走向世界的民族品牌[N].金阳时讯,2008-11-04.

在风险。

2001年,为了进一步扩大规模,陶华碧准备再建一处厂房。每一次扩张规模时,陶华碧都很是稳健,从不盲目冒进,在投资新项目时要全面考察,尽可能做到稳中求胜。

为了不让来之不易的企业垮掉,陶华碧定下规矩,"有多大能力做多少事情",以此"防火墙"来阻断盲目扩张的可能。

第14章　专注本行

在老干妈的发展中，陶华碧始终坚持做专、做精，在辣酱行业深耕，至今也没有涉足地产、医药等行业，由此奠定了在辣椒酱行业冠军的地位，同时创造了老干妈的辉煌战绩。

对于业界的扩张，陶华碧在接受凤凰网记者采访时说道："**我做本行，不跨行，就实实在在把它做好做大、做专做精。这也做那也做，你哪有那么多精力？**"[①]

把一个行业做精

任何一个企业家都期望把企业做强、做大。但是，在赛道的选择过程中，每个企业家选择的路径就大不相同。在做强老干妈的过程中，陶华碧始终清楚在经营中必须坚持有所为和有所不为。

有些企业一旦把规模做大，不是涉足房地产，就是开足马力拓展几个或者几十个多元化项目，有的企业甚至还把规模扩张当作一种战略愿景。例如，

---

① 陈芳.独家对话老干妈：我不坚强，就没得饭吃［EB/OL］，2013-06-06. https://news.ifeng.com/exclusive/elite/special/laoganma/.

一些企业家把目光盯在光芒万丈的"世界500强企业排行榜"梦想上。

"世界500强企业排行榜"是美国财经杂志《财富》(Fortune)发布的一个榜单，主要以销售额和资本总量为依据，然后对全球的企业进行排名，一般在每年的10月发布。

1989年，中国银行出现在"世界500强企业排行榜"上，这是中国首个上榜的企业。当时的企业家们没有多少人清楚《财富》这个杂志的评选标准，也没有多少企业家真正在意，尤其是当时看来遥不可及的销售额让企业家望洋兴叹。

随着中国企业突飞猛进的发展，其后的变化让中国企业家开始集体亢奋：第一，1995年，《财富》杂志首次将所有产业领域的公司纳入评选的范围；第二，中国本土市场的繁荣及新兴企业的集体胜利。

1995年年底，张瑞敏第一次明确提出，海尔要在2006年进入"世界500强企业"排名。张瑞敏提出这个目标时，海尔的销售额只有"世界500强企业"入围标准的1/18。随后的半年内，至少有近30家企业提出进入"世界500强企业"俱乐部的准确时间表。

被"世界500强企业"光环吸引的不光是企业家，学术界也与这股高昂气势相呼应。在这样一个激情燃烧的岁月里，高歌猛进的集结号吹响了。在进军"世界500强企业"的号角里，有的成为真正的世界500强企业，有的企业因此而倒下。2005年，经济学家钟朋荣在评论"德隆事件"时也反思说："很多企业界骨子里就是要让自己的企业早早地进入世界500强，看来，500强情结已经给许多企业带来了灾难性的后果。"

钟朋荣的判断是正确的。不少企业家为了实现这个目标而迷失自我，最终在迈向"世界500强企业"的道路上轰然倒塌。

史玉柱告诫创业者说："中国民营企业面临最大的挑战不是发现机会的能力，而是领导者的知识面、团队的精力、企业的财力问题。现在各领域的竞争都是白热化，企业只有集中精力，形成核心竞争力才能立足，否则就会一夜间完蛋。"

为了让投资决策更加理性化，在企业进行项目投资时，史玉柱把企业"大脑"的位置一分为三：（1）所有者；（2）经营者；（3）决策者。见图6-14-1。

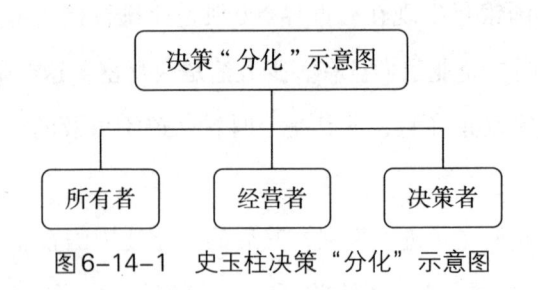

```
        决策"分化"示意图
        ┌───────┼───────┐
      所有者   经营者   决策者
```

图6-14-1　史玉柱决策"分化"示意图

作为巨人创始人的史玉柱，在投资项目时必须经过领导层讨论通过之后方能生效。比如，在上海健特，总裁是原来珠海巨人集团的常务副总裁，其他四位副总裁也都是原珠海巨人集团的副总裁，公司高级管理者有2/3是原珠海巨人集团的。

作为创始人的史玉柱，担任的仅仅只是决策顾问的岗位。既然是"决策顾问"，史玉柱就不能享受老板的绝对权威。尤其是经历过第一次创业失败后，史玉柱在创建的新公司体系内部设立了七个人的决策委员会，当有新项目时，共同投票决定提名的项目。一旦决策委员对某些项目存在争议，最后由办公会议决定。

可能读者会问，在公司建立一个决策委员会，是否会影响决策的效率呢？答案是肯定的。史玉柱坦言："速度肯定要受到影响，但对现在的中国民营企业家来说，最大的挑战不在于他能不能发现机遇和把握机遇，而是他能不能抵挡诱惑。这跟10年前的环境不一样了，所以很多人还没有弄明白。中国现在的机会太多了，不用去找机会，机会都会找上门。"

史玉柱介绍说道："最近几年出问题的企业家都有一个共同的特点，就是没能经得起诱惑，战线拉得太长，最终才导致问题的出现。而且摊子铺得过大，手中的现金就不足以支撑这些项目，他肯定会做一些非常规的事情，而在中国的法律体系下，非常规的事情常常就是非法的事情。"

而今的史玉柱在经历多元化受挫之后，根据自己的教训，提醒创业者不要盲目多元化，因为盲目多元化的结局只能是失败。

反观史玉柱所建立的决策委员会投资机制，能够更加理性地让史玉柱决定某项投资项目。正是这种决策机制，给史玉柱的合理决策提供了全方位的建议。

与多元化相反的是，老干妈创始人陶华碧却以一种平实的态度，始终坚持专业化经营。她从不关心老干妈是否进入世界500强企业排行榜，甚至还多次拒绝盲目边界扩张。

一些媒体的报道显示，贵阳市政府多次期望老干妈能够融资，进行多元化扩张，以做大老干妈来增加贵州省的影响力。一般地，政府的介入必然会给企业提供诸多的政策扶持。例如，银行贷款、土地优惠等。当地政府特别希望老干妈能涉足贵阳超大盘的楼市建设。在当时，房地产可谓是赚得盆满钵溢的项目，不少企业趋之若鹜。

面对如此多的诱惑，陶华碧始终没有动摇，而是坚持自己的选择——"我只晓得炒辣椒，我只干我会的"。

不难看出，陶华碧没有选择多元化，第一，与陶华碧自身的稳健有关。老干妈的产品，陶华碧都专注在辣椒调味品上，几乎都和风味、豆豉、辣椒、香辣这几个关键词相关。陶华碧认为，只有放弃房地产、新能源项目，才能把辣椒调味品这一领域做深做透，即使是食品行业的果蔬罐头等品类也不涉足。

第二，辣椒产业自身还没有到达专业化的天花板。根据《2020年中国辣椒酱行业发展现状分析：老干妈创始人回归，营收再创新高》数据显示，辣椒是中国传统的调味佳品，它不仅维生素、辣椒素、蛋白质、矿物质等营养成分较高，且特有的辣椒素具有美容、减肥、降脂、健身之功效。2020年中国辣椒酱产量约为573万吨，同比增长2.9%，见图6-14-2。

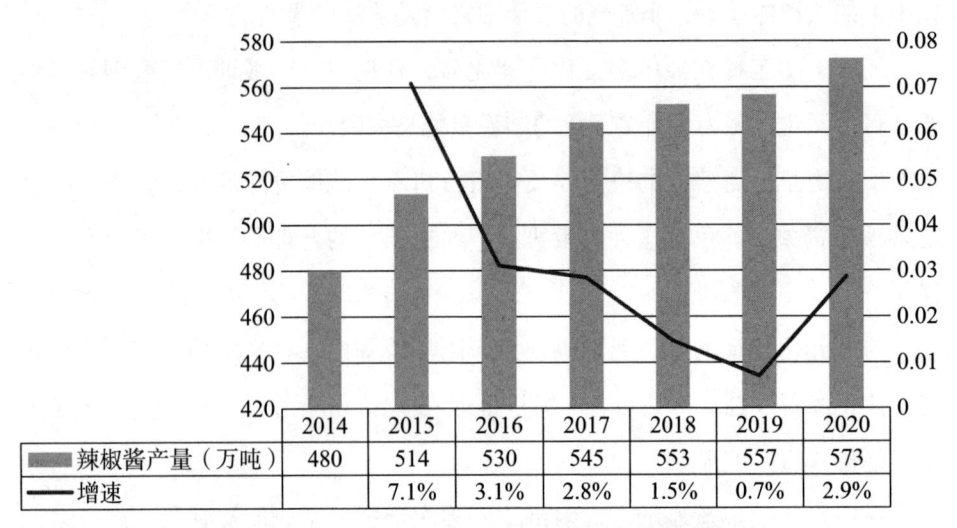

年份	2014	2015	2016	2017	2018	2019	2020
辣椒酱产量（万吨）	480	514	530	545	553	557	573
增速		7.1%	3.1%	2.8%	1.5%	0.7%	2.9%

图6-14-2　2014—2020年中国辣椒酱产量及增速

随着四川、湖南等地的美食在短视频上点击量的增加，人们对辣味食物的美好向往与日俱增，辣椒酱市场规模呈稳步增长趋势。2020年中国辣椒酱行业市场规模为259.8亿元，同比增长0.7%，见图6-14-3。

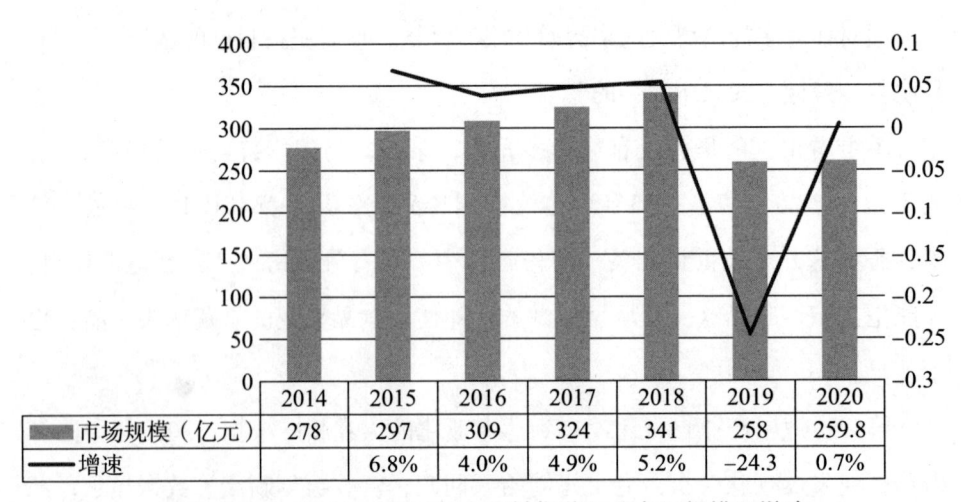

年份	2014	2015	2016	2017	2018	2019	2020
市场规模（亿元）	278	297	309	324	341	258	259.8
增速		6.8%	4.0%	4.9%	5.2%	-24.3	0.7%

图6-14-3　2014—2020年中国辣椒酱行业市场规模及增速

把精力专注在辣椒酱一件事上

面对多元化的风潮,陶华碧评论说道:"第一,做企业要有耐心,能坚持。第二,企业经营要充分敬畏和尊重市场成长规律,有长期经营心态,一味追求短平快,会让企业栽大跟头。"

陶华碧的稳健做法与盲目多元化的心态不同,因为一旦抵制不住诱惑,那么无疑是在自掘坟墓。不少企业家在企业初创的经营中,常常能够力挽狂澜,但是到了一定规模,却难以抵制诱惑,结果付出了惨重代价。

对此,陶华碧说道:"一心投入辣椒行业,越做越大,而且要做好。我们利很薄,就靠量,薄利多销。靠暴利那是不行的,滴水成河、粒米成箩。"

我在研究日本家族企业时发现,2006年,美国《家族企业》(*Family Business*)杂志就发布"全球最古老家族企业榜"。该榜显示,这100家长寿企业的专业性或者专一性非常强。如金刚组一直从事着寺庙的建设与修缮。

可能读者不熟悉金刚组这个企业,该企业是"全球最古老家族企业榜"的冠军,至今有1400多年的历史。其规模依然很小,2005年金刚组财政年度收入为75亿日元,员工100名,主营寺庙建设,规模不大。

在这里,我们先了解一下金刚组这个企业的发展历史。

创办于公元578年的金刚组,其大名远播世界。1955年,金刚组转以有限公司的方式进行经营,然而,由于涉足房地产开发,之后陷入经营困境,在2006年1月,新金刚组放弃了地产建设的业务,转回建设寺庙的老本行。

然而,在这1400多年的历史中,金刚组尽管为了生存而转型,但是最终还是转回老本行。资料显示,位于日本大阪的四天王寺,该寺被视为日本飞鸟时代的代表建筑,期间经历七次破坏,屡被修补,至今香火鼎盛,而金刚组的历史就是从建造四天王寺开始的。

公元578年,圣德太子下令修建四天王寺。

时值日本飞鸟时代,兴建四天王寺就需要有最尖端的技术。圣德太子下令从韩国百济招请匠人柳重光，兴建四天王寺。

远在朝鲜半岛的金刚组鼻祖，柳重光作为技师被委以重任。

在金刚组的发展历史中，主要业务还是以建造佛寺为主。在公元607年，金刚家族设计并建造了法隆寺。这也让金刚家族名声显赫，可以说，已经达到了日本木造建筑的高峰。四天王寺和法隆寺的构筑施工方法至今还在沿用。其设计和建造方法都记录在金刚组《施工方法汇编》一书里。

由于四天王寺和法隆寺修建的影响，柳重光的子孙亦因此而备受重视，由他们组成的金刚组，"堂主"相当于总裁一职，至今已传至第40代。金刚组的企业架构分成多个小组，约5至8人为一组，各组保持其独立性，互为竞争。小组会集中改良固有技术，接单时总部会评估各组的能力，借以决定哪一组承办工作。

金刚家族第40代堂主金刚正和在接受日本放送协会（*Japan Broadcasting Corporation*，*NHK*）采访时坦言："我们公司能生存这么久其实没有什么秘密。正如我常说的，坚持最最基本的业务对公司来说非常重要。"[①]

在金刚正和看来，无论是经济繁荣还是衰退，专一于自己的核心业务永远是生存之道。正是因为专注寺庙建设，金刚组才发展至今。

资料显示，在金刚组的发展过程中，由于社会的变迁，金刚组和其他企业一样，历经多次危机，甚至还多次差点倒闭。

金刚组的第一次危机是在19世纪的明治维新后，由于日本明治政府强化脱亚入欧，这就导致了日本人公开反对佛教运动，使得许多寺庙被毁掉，而金刚组无疑经营惨淡。

金刚组的第二次危机是在1934年，当金刚组传至第37代时，而世袭传人却无意经营寺庙建设和修建，金刚家族只好任命第37代嫡孙之妻担任"堂主"，这才避免了金刚组的解散。

---

① NHK.日本企业长盛不衰的奥秘，2008-05-17.

金刚组的第三次危机是在第二次世界大战期间，由于日本政府对外发动了侵略战争，而金刚组也因此差点倒闭。

金刚组的第四次危机是在20世纪90年代，由于日本遭遇了泡沫经济破灭，使得金刚组的经营异常困难。在1955年，金刚组开始扩张，除建造寺庙、庭园外，还涉足一般建筑的修建，由于过度扩张，造成庞大的负债。

自20世纪90年代开始，日本经济开始下滑，特别是泡沫经济破灭之后，日本经济严重衰退，购买力下降，而巨大负债的金刚组终于在2006年宣布清盘，资产由高松建设2005年11月创建的同名子公司"金刚组"接管，金刚组重回老本行，专做寺庙建筑。在清盘前，金刚组2005年财政年度收入为75亿日元，有100名员工，经点算后，负债额为40亿日元。

世界第一长寿企业的金刚组为什么会因负债累累而面临经营危机，一时甚至濒于破产边缘呢？

面对这个问题，时任金刚组第三十九代的金刚利隆会长坦言，原因在于没能恪守祖传的戒律。金刚利隆坦言："这叫遗言书，都是必须遵守的东西。"[1]

在金刚组的家训中，明确说道："必须把精力集中在长年来从事的神社佛阁的工作，不可不自量力，提倡埋头本行，严戒盲目多样化经营的这个经营哲学被忽视了。"[2]

然而，日本的寺院开始逐步用水泥建筑来替代木制建筑，原因就木制建筑改造费用过于昂贵。为了维持金刚组的市场份额，金刚利隆会长也开始跻身水泥建筑。由于大承包商势力强大，不怕激烈价格竞争，金刚组不惜亏本承接工程，无疑就导致了巨额的亏损。为填补亏损，金刚组又涉足公寓建设，结果使得经营雪上加霜。

在一次采访中，金刚利隆会长承认："有点招架不住了，但还是想要赢，只

---

[1] NHK.日本企业长盛不衰的奥秘，2008-05-17.
[2] NHK.日本企业长盛不衰的奥秘，2008-05-17.

好再降价。比如三亿元的工程,两亿五千万就接下来了。结果赤字越来越大。"①

在金刚组的发展中,曾试图把公司的命运寄托在不能发挥自身一技之长领域的第三十九代家主,结果引发了危机。专心致志秉持老本行之重要和艰难由此可见一斑。

资料显示,金刚组如今在日本大阪当地建筑公司的援助下,已经重建。而重建后的金刚组决心立足本行,开拓业务。

不仅如此,金刚组的100多名庙宇木匠,并没有因为金刚组遇到经营危机就辞职,而是致力于让传承千百余年的技艺薪火相传。其中一位木匠接受日本放送协会的采访时坦言:"一千多年前来到日本。他们的技术今天仍在被使用,后人师承的技术我们要一直传下去。我传给纯志,纯志再传给他的徒弟,一直传下去。这已经持续一千年了。这种技术当然不能让它失传,必须好好保护传统的东西。"②

这种信念使得100多名木匠能够齐心协力地靠老本行创出业绩。金刚组已经着手宣传木造建筑的经久耐用性,因为金刚组积累了大量的木质建筑的修复技术。

在木造建筑修复中,金刚组建议,没有必要改为水泥,同样也能长久地维持,同时还能降低维护费用。有些在外表上无法发现的建筑破损,只要经过专家的锐眼辨别,就能找出需要修复的部位,即使是建了300年的寺院天花板上的木材折断了,但是根据专家的判断,认为是完全可以修复的。在金刚组的木匠看来,经过修复,木制建筑依然可以重获新生。

重回本行的金刚组,其名声在寺庙间逐渐传开,业绩也开始渐有起色。不过,金刚组营业课长芦田建司在接受日本放送协会的采访时坦言:"不能因为价格竞争激烈就随波逐流。这样会丢失我们的个性,还是应该持之以恒。

---

① NHK.日本企业长盛不衰的奥秘,2008-05-17.
② NHK.日本企业长盛不衰的奥秘,2008-05-17.

金刚组的个性，我们的特性，绝对不能忘记。要一直坚持下去，过去是这样，现在也是，未来也是如此。"

从这个案例可以看出，规模不是做大做强的唯一手段。可以说，如果盲目追求规模，不仅不能做大做强，相反还会使得企业遭遇经营困难。对此，业内专家表示，规模效益并非单纯地增加规模就能增加效益。其本质是由规模带来成本的下降，产品竞争力的提升，毛利率的维持或者提升。[①]

当一个企业达到一定规模时，不少经营者容易被胜利冲昏头脑，开始大规模地冒进，而失去了踏踏实实地做好、做强、做大这个企业的兴趣，等到醒悟过来，却为时已晚。

---

① 朱剑平，王春.亚星化学山东海龙陨落 大股东"抽血"不断［N］.上海证券报，2012-09-25.

第七部分

客户至上:
宁可人人负我,我决不负客户

都说无奸不商，我就偏偏不信，我偏偏要"宁可人人负我，我决不负客户"！请大家一定牢记这一点，在市场竞争中以诚信经营立足取胜！

——老干妈创始人　陶华碧

第15章　维护"合作者的利益"

一般地，大型企业往往通过挤压供应商的空间来降低自身成本，进而提升自己的利润，实现其快速增长。

与供货商和经销商合作时，陶华碧坦言，必须维护"合作者的利益"，"宁可人人负我，我决不负客户"。与陶华碧有类似观点的还有华为创始人任正非。在华为内部讲话中，任正非坦言："就算下一个倒下的是华为，也绝不做'黑寡妇'。"

决不辜负客户的信任

陶华碧始终坚信，只有维护"合作者的利益"，才是老干妈赖以生存和发展的根基。只有坚持这个立足点，老干妈才可能真正做到基业长青。

持相同观点的还有长江实业公司创始人李嘉诚，他在接受媒体采访时告诫企业家说："一时的损失，将来是可以赚回来的，但失去了信誉，就什么也做不成了。我做生意，一直有一个宗旨，那就是不投机取巧，要以诚待人，在对客户做出承诺之后，无论碰到什么样的困难，仍要履行对客户的承诺，以取得客户信任。"

在总裁班讲授"中国传统企业到底该如何转型"课程时，一位企业家学员给我分享了一个故事。李嘉诚为了把李泽钜、李泽楷培养成合格的接班人，在李泽钜和李泽楷八九岁时，但凡董事局要开会，李泽钜、李泽楷两兄弟就会坐在专门为他们而设置的小椅子上。

一次，李嘉诚主持董事会，探讨的是公司应该持多少股份。李嘉诚对参会者说："我们公司拿10%的股份是公正的，拿11%也可以，但我主张拿9%。"

参会的董事们多数赞成，少数反对。对这个问题争论不休时，李嘉诚的长子李泽钜站起来反对说："爸爸，我反对您的意见，我认为应拿11%的股份，钱当然是赚得越多越好。"

李嘉诚的次子李泽楷也赞同大哥的观点说："对，只有傻瓜才拿9%的股份！"

李嘉诚听到李泽钜、李泽楷的意见后，语重心长地解释说："孩子，这经商之道，不是1+1那么简单。你想拿11%反而发不了财，你只拿9%，财富才能滚滚而来。"

李嘉诚之所以有显赫的商业地位，不是"损害合作者的利益"，而是尽可能地维护"消费者的利益、中间商的利益、企业员工的利益"，因为只有考虑到合作者的利益，才能共赢。反观陶华碧，虽然陶华碧经营的老干妈规模不及李嘉诚创建的长江实业公司，但是却能坚持维护"合作者的利益"的经营思维，顺理成章地打开了企业做强、做大的大门。

伴随着老干妈公司的发展壮大，陶华碧渐渐地觉察到产品的市场拓展成为一个棘手的大问题。可是，陶华碧既没有学过市场营销课程，也不懂得广告策划，甚至连名片都几乎不用。如何开拓老干妈的辣椒酱市场，争取新客户，成为陶华碧面前的一只"拦路虎"。

陶华碧分析自己的优劣势之后发现，市场营销策略和广告策划是自己的劣势。为了解决这个难题，陶华碧坚信：条条大路通罗马，拓展市场也一样，既然老干妈辣椒酱在贵阳用"土办法"能够被食客接受和认可，那么只要找到拓展市场的"土办法"，难题也就迎刃而解了。

通过分析对内管理的成功，陶华碧认为："**对内对外都是与人打交道，都**

要讲感情。对内,这感情要体现在'真'上;对外,这感情恐怕就要体现在'诚'字上了。只要你赚钱,也保证让别人赚钱;不坑人,不骗人,愿意与你合作做生意的就多,你就能搞好销售。"①

于是,陶华碧专门召开经营管理大会,在会上,陶华碧说:"**都说无奸不商,我就偏偏不信,我偏偏要'宁可人人负我,我决不负客户'!请大家一定牢记这一点,在市场竞争中以诚信经营立足取胜!**"

在中国成千上万的家族企业中,不少创始人都非常重视维护"合作者的利益"。不管是创建于清朝康熙八年(1669年)的同仁堂,还是创建于清朝同治十三年(1874年)的胡庆余堂,都是如此。尽管在创建时,这两家都是从小小的药店开始的,前者创始人乐显扬的服务宗旨——"修合无人见,存心有天知"。

在300多年的生存和发展历程中,尽管经历了王朝更迭、列强入侵,但是历代同仁堂经营者始终恪守"炮制虽繁必不敢省人工,品味虽贵必不敢减物力"的古训,将"修合无人见,存心有天知"的自律意识融入同仁堂的经营和管理之中,从而造就了在制药过程中兢兢业业、精益求精的严细精神,其产品以"配方独特、选料上乘、工艺精湛、疗效显著"而得到病患的认可。

后者创始人胡雪岩的服务宗旨——"戒欺"。现存的"戒欺"匾额是胡雪岩在清光绪四年四月亲笔所写的店训,他告诫店员要"戒欺"。

"戒欺"横匾的内容如下:"**凡百贸易均着不得欺字,药业关系性命,尤为万不可欺。余存心济世,誓不以劣品弋取厚利,惟愿诸君心余之心,采办务真,修制务精,不至欺予以欺世人,是则造福冥冥,谓诸君之善为余谋也可,谓诸君之善自为谋亦可。**"

胡雪岩创办胡庆余堂时崇尚"戒欺",而"戒欺"的经营理念却涵盖在方

---

① 邓润磊,庄学村.浅谈企业管理中企业文化对企业的影响[J].企业导报,2012(13):146-146.

方面面，如在经营方面，倡导"真不二价"，即做生意讲诚信，老少无欺，贫富无欺，不能有丝毫掺假，"采办务真，修制务精"。

与同仁堂和胡庆余堂相比，老干妈只有20多年的历史，但其创始人陶华碧的做法却与这些百年老字号不谋而合。在研究中国成百上千的百年老字号时我们发现，这些长寿企业都有一个共同的特征：创始人极度重视"合作者的利益"。具体的措施是，维护"合作者的利益"，给顾客提供优良的产品、周到的服务，以此赢得顾客的好评。

兑现商业承诺

经过上百年的风雨之后，同仁堂和胡庆余堂依然能够屹立不倒。与老干妈这个20多年的企业相比，它们多了几分厚重的历史，却有共通的经营策略——"戒欺"。

2001年年初，广州有一个"老干妈麻辣酱"销售商主动把年销售目标调高到3000万元。在当时，这个销售目标极具挑战性。

陶华碧笑着说："你如果真实现这个目标，我年终就奖你一辆轿车。"

该销售商觉得陶华碧的讲话只是给他打气，并没有当真。他深知陶华碧特别节俭——尽管老干妈的规模不小，却一直都不配轿车，平时出门办事大多挤公交、中巴，即使是去税务所交税，也是兜里揣上作为中餐的两个馒头，坐着农用车往返，她怎么会舍得奖经销商轿车呢？可是到了年终，销售商真的完成了3000万元的销售额。

随后，陶华碧表态说："人要讲信用，说出去的话就像泼出去的水，不负责任怎么取信于人？"

陶华碧力排众议，兑现了奖励给广州这位销售商一辆捷达轿车的承诺。此事传开之后，全国各地的销售商都感叹道："还是'老干妈'最讲诚信啊！

对她这样的人，谁还会忍心骗她！"

在接受媒体采访时，陶华碧为此自信地说："**我不懂什么时髦的管理方法，我就靠诚信，我要诚得别人不忍心骗我！谁要是骗了我，别人就会说'你连她都忍心骗啊？'谁就在同行中臭名远扬，难以立足！**"

在陶华碧看来，良好的公司信誉是建立在诚信的基石上的，它不仅可以促进产品的销售，品牌的塑造，而且还可以保证公司持续经营。对于那些想要打造成百年老店的企业而言，信誉的重要意义无疑是不言而喻的。尽管信誉很难用货币去衡量、计算，但是信誉对公司的经营产生的影响最大，也最为深远。凯文·杰克逊在《创建信誉资本》一书中就坦言："信誉是公司最重要、最具有价值的资产之一。"

凯文·杰克逊还提道："近年来陷入美国公司丑闻的公司所受损失的价值超过了美国40家最大公司所创利润之和。"

美国有专家做过研究，发现公司声誉每上升或下降10%，公司市值将上升或下降1%至5%。因此，不管是开办小公司也好，还是大公司也好，必须注重"诚信"，一旦商家对消费者不诚信，结果肯定是被消费者所遗弃。

事实证明，企业要想做强、做大，就必须维护"合作者的利益"，不能只凭自己的小聪明。在很多时候，一部分创业者凭借自己的小聪明，赢得了一些市场，但是却一定难以长远。

第16章　照章纳税

"纳税是每个人的义务。只有国家富，个人才会富。"陶华碧说，"不管公司经营状况如何，该上交国家的，我们从来不少一分一厘。"

多年来，老干妈公司被各级部门授予"纳税大户""纳税突出贡献企业"等称号。在2003年元月召开的贵阳市加快发展非公有制经济工作暨表彰大会上，贵阳市委、市政府对老干妈公司进行了重奖。究其原因，是陶华碧坚持纳税，如同她说的那样——"企业干干净净，一分钱税都不会漏"。

不偷一分税钱

关于陶华碧纳税内容的报道，凤凰网资讯记者陈芳是这样开头的：电影《中国合伙人》的结尾，有一张面孔一闪而过，有留学生称其为"女神"，因为在海外，中国学生的宿舍里几乎都会有印有她头像的辣椒酱，她就是老干妈陶华碧。[1]

在老干妈的成长过程中，陶华碧用自己的方式证明了企业家的另外一种

---

[1] 陈芳.独家对话老干妈：我不坚强，就没得饭吃［EB/OL］，2013–06–06. https://news.ifeng.com/exclusive/elite/special/laoganma/.

活法，也可以把企业做强、做大：踏踏实实做企业，一分税钱不偷，一点把柄不留，底气十足地跟他们干架。在初创阶段，陶华碧有时候可能一天要打三次架：跟税务打，跟城管打，跟工商打。

陶华碧为什么敢跟税务、工商、城管"打架"呢？究其原因，是陶华碧把"纳税光荣，偷税可耻"这句话落到实处。

在公开的媒体报道中，老干妈纳税几乎占据报道的三分之一左右。有时候在接受媒体采访时，陶华碧同样激动。如凤凰网采访陶华碧，讲到纳税时，她非常激动，当着凤凰网记者陈芳的面突然站起身，怒拍桌子说："我明明纳税第一，怎么给我弄到第二，30万元税款你们给我弄哪里去了？"[①]

陶华碧为什么要发火呢？是因为2012年老干妈纳税4亿元，税务部门却少报了30万元税款。自创业之初，陶华碧制定的首要原则就是如实纳税。按照陶华碧的话说，不按时交税，就睡不着觉。这就是陶华碧因为税务工作人员少报30万元税款发火的真正原因。

具体情况是这样的。在贵阳市南明区一次纳税大户评选大会上，由于税务部门少算30万元的税款，把第一纳税大户老干妈弄到了第二的位置上。陶华碧知道此事后，就跟税务部门交涉。

让税务工作人员没有想到的是，陶华碧竟然宁肯奖金一分钱不要，也坚决要把这30万元税款给补上。陶华碧说："必须在大会上公开给我个说法，这是你们的工作，也是你们的职责！"

在纳税的问题上，陶华碧不止一次跟税务部门的人打架。有一次，陶华碧主动去税务局纳税，工作人员急着接送孩子，不给上，让陶华碧改天再来。陶华碧怒了，上去跟该工作人员干了一架。事后，陶华碧接受采访时说："我主动来纳税，他还刁难我！"

[①] 陈芳.独家对话老干妈：我不坚强，就没得饭吃［EB/OL］, 2013-06-06. https://news.ifeng.com/exclusive/elite/special/laoganma/.

纳税很光荣

不少企业经营者把"纳税光荣，偷税可耻"这句话放到嘴边，却没有落到实处，更是以"合理避税"的名义偷逃税款。本来企业经营者积极主动缴纳税款，是每一个纳税企业的义务，一些经营者故意偷逃税款，极大地损害了国家、集体和广大人民的共同利益，也把自己的企业陷入重重危机之中。

这样的代价太大了。作为老干妈的创始人，陶华碧是深知"纳税光荣，偷税可耻"的真正含义。当凤凰网资讯以"老干妈企业最被人称道的地方就是纳税，很多企业抱怨税太重。您为什么每次主动纳税？"为提纲采访陶华碧时，陶华碧是这样回答的："早交晚交都要交，从来不拖欠国家一分一厘，这才是做企业，也是我们的能力，你拖欠或者偷漏人家是很不好的。我们没有国债，不欠国家税收，也没有贷款，干干净净，一身清白，该赚的钱我就赚，不干净的钱我不要。"[1]

当谈及主动纳税时，陶华碧这样说："别人都说老干妈憨得很，我不憨，我觉得纳税是光荣，我自豪，哪一个要骂我，我要和他骂到底。"

在陶华碧看来，积极纳税不是"憨"，是光荣。这与国家"纳税光荣，偷税可耻"传递的信息非常吻合。

很多年后，当凤凰网资讯以"不少中国民营企业感叹生存环境困难，各种名目税收、各种年检甚至潜规则等，您创业的过程中有没有遇到过来自这方面的压力？"为题采访陶华碧时，陶华碧谈到为什么不怕工商和税务工作者的真正原因："我不怕。我们企业走到今天，对国家，就是卖一个煤渣，我都要纳税；对供应商来说，我从不拖欠一分钱；对员工来讲，我按照国家政策不亏待；对顾客，从原材料到每一道工艺，我们都认认真真去做，保证质量。

---

[1] 陈芳.独家对话老干妈：我不坚强，就没得饭吃［EB/OL］，2013-06-06. https://news.ifeng.com/exclusive/elite/special/laoganma/.

我们非常透明。我的账是公开的，随便你来查。"①

此次专访中，陶华碧直言："如果妥协，另外一拨人又会来，还会变本加厉。他都不怕我怕什么？一个人在遇到艰难的时候，绝对不要让步，绝对不要跟那个人一样，就要跟他打。要打仗，都要打赢。"②

陶华碧有着这样的勇气，不仅是因为要生存，更是因为坚持纳税，让别人找不到半点纰漏。资料显示，1997年—2013年老干妈缴纳的税金如下，见表7-16-1。

表7-16-1　1997年—2013年老干妈缴纳的税金

年　份	企业产值	上缴税金
1997年	1400万元	86万元
1998年	5014万元	329万元
1999年	1.26亿元	1500万元
2000年	1.5亿元	2464万元
2001年	2.15亿元	3700万元
2002年	3.8亿元	5188万元
2003年	6.25亿元	7800万元
2004年	8.08亿元	7500万元
2005年	10亿元	1.4亿元
2006年	12亿元	1.67亿元
……	……	……
2013年	37.2亿元	5.1亿元

当前，很多企业家对企业的社会责任已经达成共识，企业履行社会责任并不一定是要在电视上去当场作秀捐款，最基本的也是最重要的方面首先是

---

① 陈芳.独家对话老干妈：我不坚强，就没得饭吃［EB/OL］，2013-06-06. https://news.ifeng.com/exclusive/elite/special/laoganma/.

② 陈芳.独家对话老干妈：我不坚强，就没得饭吃［EB/OL］，2013-06-06. https://news.ifeng.com/exclusive/elite/special/laoganma/.

要管理好自己的企业，而规规矩矩地向政府缴纳自己的税收，不偷税漏税是其中最重要的一条。其实，企业可以合理避税或节税，但前提是不能违反法律，否则最终毁掉的是自己，不但没能给苦心经营多年的家族企业带来一丝好处，反而葬送了企业。

因此，业内人士认为："尽管我国税收环境正在发生质的变化，如果再用旧思维来看待税收，教训可能会很惨重。家族企业应该抛弃做假账的思想，尽量利用税收筹划，合法经营才是家族企业基业长青和永续经营的前提。"

第17章　给员工最顶尖的福利

1998年，在长子李贵山的帮助下，陶华碧制定了"老干妈"的规章制度。

遗憾的是，我没能找到这份制度的原文，但是据贵阳老干妈风味食品有限责任公司总经理谢邦银说，他们没有员工手册，所谓的规章制度其实非常简单，只有一些诸如"不能偷懒"之类的句子，更像是长辈的教诲而非员工必须执行的制度。

"陶华碧有自己的一套，你可以叫作'干妈式管理'。"贵州大学讲师熊昉曾作为记者多次采访过陶华碧，"比如龙洞堡离贵阳市区比较远，附近也没什么吃饭的地方，陶华碧决定所有员工一律由公司包吃包住。从当初200人的小厂开始，'老干妈'就有宿舍，一直到现在2000人，他们的工资福利在贵阳是顶尖的。"在熊昉看来，老干妈的高速发展离不开陶华碧给员工的最顶尖的福利。

管理亲情化

在管理上，陶华碧采用"靠心算管财，靠亲情管人"的管理方式，尽管这样的管理方法较为原始，却收到了卓越的成效。据老干妈总经理谢邦银和董事长办公室主任王武介绍，陶华碧的记忆力和心算能力惊人，财务报表之类的文件虽然完全不懂，老干妈也只有简单的账目，由财务人员念给她听，陶华碧听上一两遍就能记住，然后自己心算财务进出的总账，立刻就能知道数字是不是有问题。

财务管理对陶华碧来说，问题不大，主要的问题是人员的管理。在老干妈的发展和壮大过程中，随着员工的增加，如何管理好公司成为陶华碧不得不解决的棘手问题。

在经过深思熟虑之后，陶华碧实行管理亲情化，自始至终对员工进行"感情投资"的管理"绝招"，让老干妈公司有效地跨越初创企业的规模。

最初，陶华碧让李贵山制定"土政策"时，就把这一招视为最基本的要素。果然，这种亲情化的"感情投资"，使老干妈的凝聚力只增不减。在员工的心目中，陶华碧就像妈妈一样可亲可爱可敬；在老干妈公司里，没有人叫她董事长，全都叫她"老干妈"。

老干妈公司拥有2000多名员工，陶华碧能叫出60%的人名，并记住其中许多人的生日，每位员工结婚她都要亲自当证婚人。

除此之外，陶华碧还一直坚持她的一些"土原则"：隔三岔五地跑到员工家串门；每位员工的生日到了，都能收到陶华碧送的礼物以及一碗长寿面加两个荷包蛋。

让员工拥有安全感和归属感

在老干妈公司，很多管理方法都显得很"土气"，却非常管用。陶华碧时常对员工说："我自己是'老土'，但你们不要学我一样。"

为了解决员工的吃饭问题，2000多名员工一律包吃住，这一传统直到现在也没变。不仅如此，每个员工生日时都能吃到她准备的长寿面，结婚时她也要到场证婚。没有一点架子，因此员工亲切地称她"陶阿姨"或者叫她

"干妈"。[1]

在日本很多长寿企业中，我们也发现类似的管理文化。日本企业凭借"仁爱""贵和"等原则，将修身（注重员工终身培训）、齐家（单子继承制与终身雇用）和治国（对社会负责）三者紧密串联起来，在内部保持了纵向的和谐与横向的弹性，形成了企业"慈"、员工"忠"的日本长寿企业特点。[2]

事实上，日本企业非常注重员工利益，如住友集团，1750年，住友的家规法中就明确规定，在住友企业中，必须善待员工。即使作为住友的掌柜，也必须尊重和善待员工，绝对不允许不尊重员工的事情出现。当员工无法胜任某个岗位的工作时，掌柜就必须为该员工调整到可以胜任的岗位。

松下公司同样重视员工利益。在松下公司，作为创始人的松下幸之助，除了注重新技术的引进、消化和自主研发，还非常重视人才。为此松下幸之助坦言：松下电器公司是制造什么的？松下电器是制造人才的地方，兼而制造电气器具。人才是企业成败的关键，唯有顺其自然，不凭自己的好恶用人，容忍与自己个性不合的人，并尽量发挥其优点，才能造就人才。提拔年轻人时，不可只提升他的职位，还应该给予支持，帮他建立威信。企业即人，成也在人，败也在人。[3]

松下幸之助注重员工的工资水平，以至把提高员工工资作为松下电器经营的战略之一。这是松下幸之助的经营秘诀所在。松下幸之助说："工资提高了，产品质量就会随之提高，日本的社会生活水平也就会相应提高——像公司这样的经济实体正是为这一目的而存在和活动的。"

正是重视了员工利益，员工才以企业为家，为提升企业的竞争力而奋斗不止。正因为如此，才造就了数不胜数的百年企业。

---

[1] 刘子阳."老干妈"是怎样炼成的[N].法治周末，2013-02-19.

[2] 申秀逸.日本企业终身雇佣制与年功序列制的历史渊源[J].燕山大学学报（哲学社会科学版），2007（01）：86—90.

[3] 郝文波.松下幸之助的"自来水哲学"[J].大众商务，2009（11）：38—38.

第八部分

传承：
做500强不如做500年

我没有跟国家贷过款，贴息贷款我都不要。去贷款，都没得压力，就没得动力。自己去做，你晓得压力压在自己肩膀上，晓得去努力去奋斗。政府很早以前就提出要扶持，我不要，我有多大本事就做多大的事，踏踏实实地做，不欠别人一分钱，这样才能持久。

——老干妈创始人　陶华碧

第18章　从不"拉关系"

很多时候，一些经营者认为，"拉关系"比经营更重要，但是北京中坤投资集团董事长黄怒波却不这样认为："我们要与权力严格地切开。"

在2013亚布力中国企业家论坛夏季高峰会上，黄怒波就明确谈到企业家与政府的关系："现在倒一个大贪官就倒一批企业家，但是这个时代一定要过去，我们现在发展了三十年，如果还没有这种精神，这个企业家不要也罢，这个社会精神不要也罢。"

黄怒波补充说道："一定要保有企业家的独立人格。过去创业没有钱，肚子也饿，有时候做点下三烂的事情也是有可能的，但是现在衣冠楚楚，一来这个大会场是一个国际的会场，在这个时候我们要考虑到尊严和人格，不为钱财再去低头哈腰了。"[①]

黄怒波的观点与陶华碧的观点不谋而合。在陶华碧看来，政府的介入，可能会得到一些政策上的优惠，但是也可能使得老干妈的发展方向失去控制。

[①] 黄怒波.倒个贪官就倒一批企业家时代应过去."亚布力中国企业家论坛2013年夏季高峰会"，2013-08-24.

不做"红顶商人"

中国人历来重视"关系",像胡雪岩一样的"红顶商人"试图使出浑身解数,尽可能地与政府官员拉近关系,找出能够"飞黄腾达"的机会。然而,让这些经营关系的人没有想到的是,官员的倒台让他们的"飞黄腾达"梦想灰飞烟灭。

当然我们不否认,政商关系对于商人来说是一个绕不过去的古老话题。吴晓波曾感慨地说:"两千多年的中国企业史,归根到底是一部政商博弈史。"

自古以来,无论是目不识丁的小商贩,做超级生意的大商人,还是饱读诗书的儒商许多都热衷于政商。其中一个重要的驱动力就是"商而优则仕"。

在老干妈发展和壮大的过程中,陶华碧拒绝做"红顶商人"。贵州当地政府也扮演了一个"恰如其分"的角色,对老干妈这个民营企业,仅仅是呵护,绝对做到不干涉内部管理,为老干妈提供了一个较为理想的发展环境。

2000年,老干妈的销售额达到1.315亿元,缴税2400万元。[①]在这样的背景下,扩大规模就摆在陶华碧面前。2001年,陶华碧为了进一步扩大企业的生产规模,不得不再建一处厂房。当时,老干妈大部分资金都压在原材料上,高层领导建议陶华碧寻求政府的帮助。

在得知老干妈要扩建规模后,贵阳市南明区委对此事极为重视,并立即协调中国建设银行给陶华碧贷款。协调好后,贵阳市南明区委办给陶华碧打来电话,让陶华碧到区委洽谈此事。

陶华碧带上会计来到贵阳市南明区委,乘电梯到贵阳市南明区长办公室所在的三楼。因为电梯很旧,门已经坏了,陶华碧走出电梯时,一不小心被电梯门刷住了衣服跌倒在地。陶华碧因此改变了借钱的想法,说:"你们看,政府

[①] 北京市高级人民法院.贵州南明老干妈风味食品公司诉湖南华越食品公司不正当竞争案判决书,2001-03-20.

也很困难，电梯都这么烂。我们向政府借钱（陶华碧不知道政府协调银行贷款是什么意思，以为就是向政府借钱），给国家添麻烦。不借了，我们回去。"①

与政府保持合理的距离

与大部分企业家不同，陶华碧从不与当地政府官员拉关系。贵阳当地一位政府官员毫不讳言地说："尤其是这几年公司越做越大，即便是政府的人，想见那几位高层也很难。"

尽管陶华碧与政府官员有一些往来，却始终保持一定的距离，从不凭着这层关系谋取好处。在凤凰网记者陈芳采访时，陶华碧说道："所以一有政府人员跟我谈上市，我跟他说：谈都不要谈！免谈！你问我要钱，我没有，要命一条。"②

即使国家商标局一位局长的建议，陶华碧也断然拒绝。陶华碧说道："有一年来我们这里，说你们上市吧，我说我不上市。"

客观地讲，陶华碧的坚守是符合其自身发展规律的。在陶华碧看来，过于依靠政府扶持，就意味着失去奋斗的动力，甚至因此可能遭遇经营危机，很多企业家就为此付出惨重的代价。

不可否认的是，在某种程度上，拥有广泛的社会资源和良好的社会关系不仅可以让企业渡过难关，而且还可以为开拓新市场的提供重要助力。但是，一旦过分依赖关系而忽略了企业的经营，那么企业的倒闭可能也只是迟早的事情。

---

① 冯艳.贵商人物：陶华碧[N].贵州商报，2014-09-02.

② 陈芳.独家对话老干妈：我不坚强，就没得饭吃[EB/OL]，2013-06-06. https://news.ifeng.com/exclusive/elite/special/laoganma/.

第19章　绝对控股

纵观中外百年家族企业传承，一个非常鲜明的特点就是家族绝对控股家族企业，始终坚守中长期的战略规划，不迷恋短期的利润。这样的决策机制源于，"家族制企业有着作出最优决策的产权制度"。

学者黄定成撰文称："要使决策者减少决策失误和作出最优的决策，一个重要的保证来自产权制度对决策者的约束，这就是决策者必须对决策的后果负责任。家族制企业产权制度的特征是家族成员拥有企业财产的所有权，企业的所有者就是决策者，这迫使家族制企业的决策者谨慎决策，不存在经理制公司常见的偷懒、疏忽和作弊等行为，因此，这种有着切身利益关系的产权制度是家族制企业作出最优决策的重要保证。不仅如此，家族制企业的产权制度还可能对企业的决策带来其他好处：一是有利于决策者更重视公司的长远利益而不被眼前利益所左右；二是面对瞬息万变的市场能够当机立断，迅速作出反应；三是减少决策中不同利益者的矛盾和摩擦。"[1]

当然，要做到这点，前提是绝对控股。这与陶华碧坚持的"不控股、不参股、不上市、不贷款"四不政策有着异曲同工之妙。

---

[1] 黄定成.家族制企业管理模式的优劣分析及制度选择［J］.中国流通经济编辑部，2008（02）：51—53.

100%持股老干妈

2017年2月12日,《新京报》刊载了一篇名为《"老干妈"陶华碧悄然退出,不再持股老干妈》的文章。

该文写道:"一向低调的陶华碧,已在2014年悄然退出了对公司的持股,不再持有南明老干妈任何股份。这一股权变动,至今未被外界注意到。同时,她的小儿子李辉在股东名单中也不再出现。取而代之,现在南明老干妈的股权,被陶华碧的大儿子李贵山和一名叫李妙行的自然人所掌控。"[1]

该文还披露:

南明老干妈最新股东信息一栏显示,公司股东由李贵山、李妙行两人组成,陶华碧名字不再出现。工商信息中并未提及李贵山、李妙行两人的持股比例。

陶华碧撤出股东名单,发生在3年之前,但至今未被外界发现。工商信息显示,2014年6月27日,南明老干妈投资人信息变更,陶华碧从股东中删除,另一股东李辉也退出,李妙行则新出现在股东名单中。

公司秘闻注意到,陶华碧目前仍是老干妈法定代表人,李贵山出任监事。第三方平台天眼查信息则显示,陶华碧仍担任公司董事长一职。

陶华碧小儿子李辉为何退出股东名列,目前不得而知。[2]

此文犹如一颗重磅炸弹,把老干妈这个被业内誉为神秘的企业推上了风口浪尖。多年来,老干妈的股权被牢牢掌控在陶华碧及其家族手中。在早期阶段,陶华碧持有老干妈100%的股权。

---

[1] 李春平. "老干妈"陶华碧悄然退出,不再持股老干妈[N].新京报, 2017-02-12.
[2] 李春平. "老干妈"陶华碧悄然退出,不再持股老干妈[N].新京报, 2017-02-12.

查阅老干妈的企业股权结构资料发现，2014年6月之前，老干妈的股东结构非常简单，只有陶华碧与其两个儿子李贵山和李辉。其中，陶华碧占1%的比例，长子李贵山持有老干妈49%的股份，次子李辉2012年5月才入股，持有老干妈的50%股份，见图8-19-1。

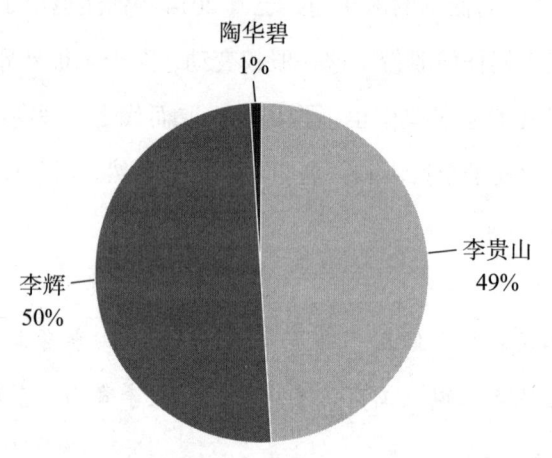

图8-19-1　2014年6月之前的老干妈股东结构

《新京报》这篇报道的缘起是，早在2014年6月27日，贵阳南明老干妈风味食品有限责任公司的股东名单中，不见了陶华碧和其次子李辉的名字。大股东李妙行取代陶华碧和李辉。

根据天眼查的数据显示，在老干妈目前（2022年）的股权结构中，长子李贵山持有老干妈49%的股份，陶华碧之前将老干妈1%的股份转让给李妙行，李妙行持股比例为51%。

2017年2月，有媒体查阅工商信息发现，2014年6月27日，南明老干妈投资人信息变更，陶华碧从股东中退出，另一股东李辉也退出，公司股东由李贵山、李妙行两人组成，陶华碧的名字不再出现。

当媒体得知如此重大的信息后，一则重磅新闻就把向来低调神秘的老干妈公司推向了风口浪尖，尤其是股东"李妙行"的出现，加上陶华碧的退出，此举无疑引发外界的诸多猜测。

梳理发现，此次把老干妈拉入漩涡的股东信息变更，只不过是发生在几年前的"旧闻"。这主要是由老干妈自身的企业属性决定的。由于不是上市企业，老干妈没有主动公开宣布股权变动的消息，仅仅只是在贵阳市南明区市场监督管理局作了相关登记。引发此次事件的导火索，也不过是媒体的报道，所以才引起广泛关注。2022年5月，我查阅天眼查的数据，依旧显示陶华碧是老干妈的法定代表人。

天眼查的数据显示，作为家族企业的老干妈，其股权构成依旧简单，仅有李贵山和李妙行两位自然人股东，见表8-19-1。

表8-19-1 老干妈的股东结构

序号	股东（发起人）	持股比例	最终受益股份	认缴出资额	认缴出资日期
1	李妙行	51%	51%	510万人民币	—
2	李贵山	49%	49%	490万人民币	2000-05-31

顺利交班

2017年2月，媒体报道了老干妈股权机构变动信息，说明陶华碧已经交班完成，把最后老干妈的1%股份给了李妙行。此次的股东信息变更，陶华碧的悄然隐退似乎在情理之中。不过，让研究者好奇的是，陶华碧次子李辉的名字也从股东名单中消失，取而代之的是一个让消费者、媒体、研究者并不熟知的"李妙行"。

究其原因，让消费者、媒体、研究者疑惑的是，在老干妈股权信息变更的同一天，陶华碧的名字同样从贵阳南明春梅酿造有限公司的股东信息中撤下，同时"李辉"更改为"李妙行"，企业类型从有限责任公司（自然人投资或控股）变更为有限责任公司（自然人独资），见表8-19-2。

表8-19-2　贵阳南明春梅酿造有限公司的股东信息

序号	股东名称	持股比例	认缴出资额	认缴出资日期
1	李妙行	100%	1500万（元）	2000-10-23

根据爱企查的信息显示，目前贵阳南明春梅酿造有限公司的法人依然是陶华碧。

此外，李妙行当时还担任贵阳南明老干妈风味食品有限责任公司贵定分公司负责人。该分公司创建于2015年11月24日。在这场股权风波中，媒体当时采访我，我也谈了相关的观点："老干妈作为一个家族企业，不融资、不贷款、不上市，说明老干妈不缺资金，那么此次股权变动，属于正常的家族企业传承的交班行为。那么，李妙行肯定是陶华碧的家人。"

2017年2月17日，《羊城晚报》报道称，作为创始人陶华碧的秘书刘涛，在2017年2月16日接受其采访时回应外界的传言称，所谓的神秘人入股老干妈，其实是一场乌龙事件，证明了我对此事的判断。

面对投资人信息的变动，《羊城晚报》记者刘勇独家采访陶华碧的秘书刘涛时介绍说道："'李辉'只是'李妙行'的曾用名。"

对于此次变动，刘涛坦言："这只是家族企业内部的正常交接和传承。"刘涛回应称，目前，陶华碧仍然是贵阳南明老干妈风味食品有限责任公司的董事长和法人代表。根据天眼查的数据显示，目前陶华碧是董事长，监事是李贵山，见表8-19-3。

表8-19-3　老干妈的主要人员

序号	姓名	职位	持股比例	最终受益股份
1	陶华碧	董事长	—	—
2	李贵山	监事	49%	49%

在分工上，李贵山负责销售，李妙行负责生产。为了求证"李辉"是否是"李妙行"的曾用名，2018年2月18日，《中国经营报》报道了外界关心的问题，文中也提及刘涛的答复："李辉与李妙行是同一人。"

清华大学五道口金融学院全球家族企业研究中心主任高皓在接受《中国经营报》采访表示，企业股权是家族企业最根本的权利分配结构。高皓指出，家族企业的传承通常分为三个层次，分别为管理权的传承、治理权的传承、股权尤其是控股股权的传承，其表示通常控股股权的传承被当作是家族企业完成传承的标志。[①]

这样的判断，源于在股权变更后的这几年里，老干妈依然保持稳健发展，并未发生断层等事件。

中山大学岭南学院民营企业研究中心主任储小平在接受《中国经营报》采访时坦言："考虑到陶华碧已经在两三年前便逐步退出，但目前公司业务还算平稳，可以说该公司的接班传承是比较成功的。"

储小平同时指出，并不是所有的企业都这么幸运。"总的来看，家族企业的二代接班人上任后发展情况普遍不是很乐观，两代人之间存在着诸多战略发展、经营理念的分歧，以及领导风格的差异、人力资源整合的冲突等。"对于家族企业未来的发展方向，北京理工大学管理与经济学院教授裴蓉认为，企业家族发挥的作用不同将导致企业朝着两个方向分化。一种情况是家族共享思想比较强，家族内成员并未过多介入企业管理，或对于管理人员是非家族成员介意度不高。另一种情况是家族成员对家族管理比较看重，或家族历史传承比较浓厚，希望将家族的文化、理念灌输到企业管理中，这种情况下家族对自己在企业中的影响力要求会比较高。[②]

基于此，从股权层面上看，高皓认为，老干妈此次股权的变动可以看出陶华碧对公司传承最重要的一个安排，[③]从而保证陶华碧家族100%控股老干妈企业。当然，这样做的优势在于保证坚守中长期的战略规划的落地，同时也规避了职业经理人为了获得短期业绩牺牲中长期的战略规划，更有利于老干

---

① 安若铭.老干妈何去何从：陶华碧退股　小儿子李妙行或成新掌门［N］,2017-02-18.
② 安若铭.老干妈何去何从：陶华碧退股　小儿子李妙行或成新掌门［N］,2017-02-18.
③ 安若铭.老干妈何去何从：陶华碧退股　小儿子李妙行或成新掌门［N］,2017-02-18.

妈的基业长青和永续经营。

在家族企业中，由于为了更好地将企业经营下去，通常都会建立长期的发展规划并承担较为适度的风险。在很多时候，家族企业往往将风险控制在可控的范围内，使得这样的举动更有利于维护家族企业股东的长远利益。这就使得家族企业的财务杠杆水平和债务成本大大低于其他同类企业，见图8-19-2[①]。

较低的金融杠杆水平
负债权益比率中值（单位：百分比）

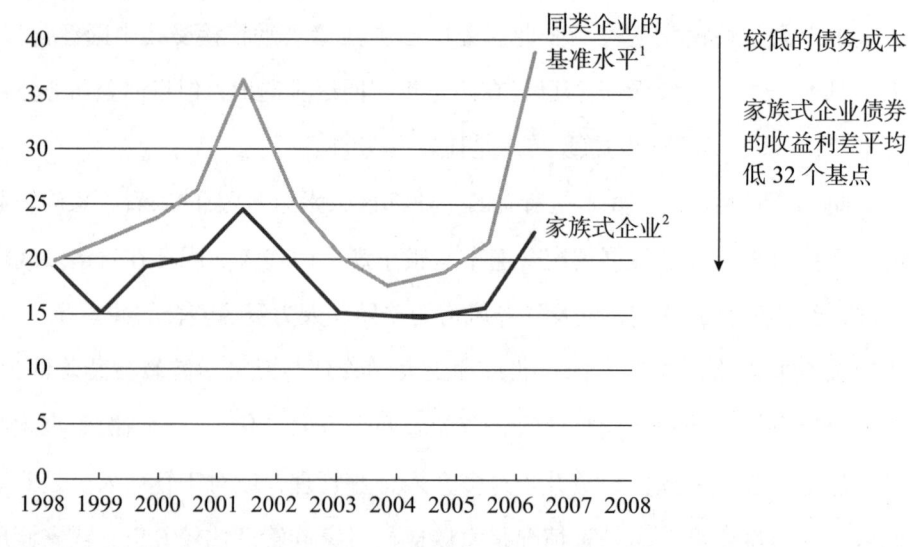

较低的债务成本

家族式企业债券的收益利差平均低32个基点

标普500、HDAX和SBF120当前成分股的全年中值，不包括金融公司和家族式企业。
由美国和西欧149家受家族影响的企业所构成的样本的全年中值，不包括金融公司。
资料来源：麦肯锡的公司业绩分析工具（CPAT）、麦肯锡分析

图8-19-2 家族式企业和其他同类企业财务杠杆水平和债务成本比较

从图8-19-2可以看到，在家族企业的发展中，如果决策注重长远发展，那么这就可能使得家族企业错过某些短期业绩最大化，这样做的结果就可能使得家族企业在经济蓬勃发展时不如非家族企业在某个发展阶段时那样获得更高的赢利空间，但是这也增加了家族企业在危机时期的生存概率，以及长

[①] Christian Caspar, Ana Karina Dias, Heinz-Peter Elstrodt.家族式企业经久不衰的五大特征[J].商学院，2012（11）：43—46.

期获得稳定回报的概率。

数据显示，从1997年到2009年之间，针对美国和西欧上市家族式企业计算的"广基指数"所实现的股东整体回报率，比MSCI全球、标普500以及MSCI欧洲指数要高出2%—3%，见图8-19-3[①]。

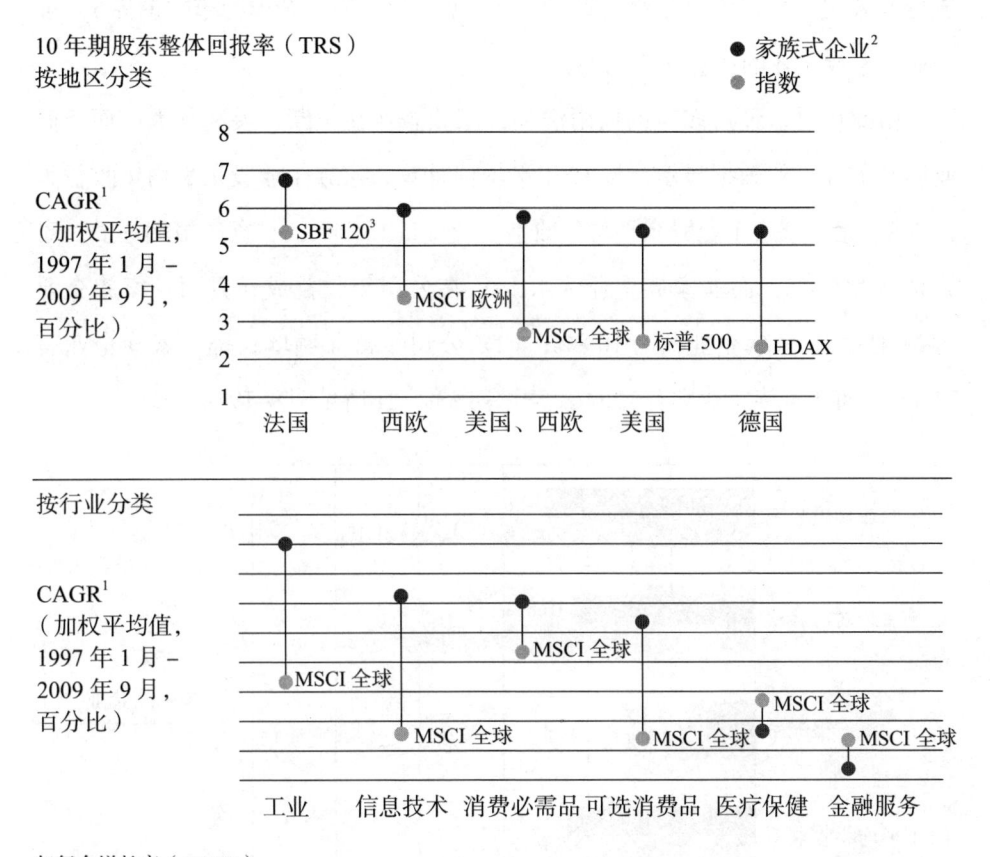

10年期股东整体回报率（TRS）
按地区分类

● 家族式企业[2]
● 指数

CAGR[1]
（加权平均值，
1997年1月–
2009年9月，
百分比）

法国　　西欧　　美国、西欧　　美国　　德国

按行业分类

CAGR[1]
（加权平均值，
1997年1月–
2009年9月，
百分比）

工业　　信息技术　消费必需品　可选消费品　医疗保健　金融服务

年复合增长率（GAGR）
由美国和西欧154家受家族影响的上市公司（即2007年末家族所持股份大于10%的上市公司）构成的样本。
巴黎证券交易所120指数
资料来源：汤姆森路透社的Datastream、麦肯锡的公司业绩分析工具（CPAT）、麦肯锡分析

图8-19-3　家族企业10年股东整体回报率

---

① Christian Caspar，Ana Karina Dias，Heinz-Peter Elstrodt.家族式企业经久不衰的五大特征［J］.商学院，2012（11）：43—46.

从图8-19-3可以看到，家族企业股东整体回报率要高于非家族企业，主要归功于家族影响着家族企业，也就是说，家族是家族企业这种优异表现的主要驱动因素。

据美国《商业周刊》(Business week)数据显示，在标准普尔500指数的成分股公司中，家族企业竟然有177个。据《福布斯》杂志公布的世界500强企业，家族企业的比重约为37%。

由此可见，经过多年的风雨洗礼，家族企业在不断发展和壮大。而《商业周刊》提供的数据显示，按10年平均值计算，家族企业股东平均年收益为15.6%，比非家族企业股东平均年收益11.2%高出4.4%；在资产报酬率上，家族企业为5.4%，而非家族企业为4.1%；在公司年收益成长方面，家族企业为23.4%，非家族企业仅有10.8%；比较公司年营业额增长率，家族企业有21.1%，而非家族企业则有12.6%，相差8.5%。详情见图8-19-4。

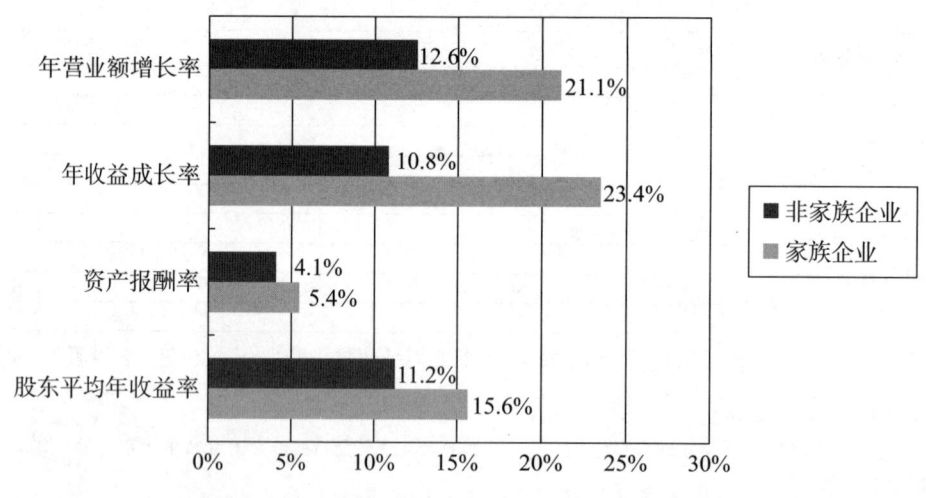

图8-19-4 家族企业与非家族企业经营成果比较

在欧洲，家族企业的经营业绩也非常类似，家族企业的发展指数要远高于非家族企业。以德国企业为例，家族企业在过去10年里增长了206%，而非家族企业只上升了47%。数据表现出家族企业的经营方法应有其特别之处，才能呈现如此成果。

当我们反观陶华碧的绝对控股策略，不难看出陶华碧对"不贷款、不融资、不上市，不让别人入股，也不去参股、控股别人"的深刻洞察，这不仅关乎一个创业者的梦想，同样关乎创业企业能否真正做到行稳致远。

第20章　绝不上市

2018年8月，深圳证券交易所奔赴贵州的信息不胫而走，誉为"下饭神器"的老干妈再次吸引了资本市场的众多目光。根据中国证监会网站2018年8月6日的一则消息，2018年7月25日，深圳证券交易所副总经理王红一行赴黔考察，且联合贵州证监局、贵州省金融办，赴贵州货车帮科技有限公司、贵阳南明老干妈风味食品有限责任公司、贵州一树连锁药业有限公司调研，同时参加了在贵州双龙航空港经济区管委会举办的资本市场服务实体经济座谈会。

此次座谈会由贵州双龙航空港经济区管委会副主任李伟主持。会上，区内3家拟上市企业、5家拟改制企业汇报了企业生产经营情况和拟登陆资本市场情况。与此同时，管委会提出，请求深交所、证监局、金融办解决区内企业改制上市存在的重大问题。

之所以吸引王红赴黔地考察，是因为近几年贵州经济的发展速度相对较快，尤其是大数据、食品、医药等行业的发展势头相对较好。期间，一大批社会关注高、竞争力较强的企业成为资本市场争抢的战略资源，有的企业由此成为资本市场的明星企业，有的企业（比如老干妈）尚未涉足资本市场，但潜在的需求让作为深圳证券交易所副总经理的王红看到了巨大的机遇。

王红考察贵州企业，目的就是要为拟通过上市、发债等进入资本市场的企业提供有针对性的服务和辅导。为此，王红详细地介绍了深交所的市场状况、产品结构、监管服务等情况，同时也详细地分析了当前资本市场服务实体经济形势，以及上市对企业内部管理、品牌形象、经营发展的积极作用。

最后，王红表示，欢迎贵州企业去深交所上市、发债……深交所将一如既往，为贵州企业在发行上市、发行公司债和ABS等方面提供专业支持，为贵州经济社会发展提供服务。

此消息甚至让资本市场关注者暗自揣摩：20多年来一直坚持"不贷款、不融资、不上市"的老干妈，放弃自己的底线，"忍不住诱惑"考虑上市，欣然地接受深交所的橄榄枝吗？

媒体一轮又一轮的报道，让陶华碧不得不做出回应："**我教育儿子，就好生生做人，好生生经商。千万千万不要入股、控股、上市、贷款，这四样要保证，保证子子孙孙做下去。所以一有政府人员跟我谈上市，我跟他说，谈都不要谈！免谈！你问我要钱，我没得，要命一条。**"[①]

在上市这条路上，陶华碧的做法相对比较慎重，因为陶华碧始终坚持"不贷款、不融资、不上市"的"三不"政策。正如陶华碧所言，即使政府官员来谈，也敢于拒绝。

坚决不上市

对于任何一个企业来说，是否上市，通常有内部原因和外部原因两个：（1）内部原因。一般包括股权结构、是否缺乏拓展业务所需要的资金以及社会化等。（2）外部原因。一些企业上市的外部原因包括政绩工程、市场因素等。

众所周知，在企业界中，华为创始人任正非和老干妈创始人陶华碧从

---

① 陈芳.独家对话老干妈：我不坚强，就没得饭吃［EB/OL］，2013-06-06. https://news.ifeng.com/exclusive/elite/special/laoganma/.

2014年以来被实业界推崇，而二者一个惊人的相似就是不约而同地提出了"不上市"的理念。

陶华碧的理由是，"我坚决不上市，一上市，就可能倾家荡产"。不可否认的是，陶华碧拒绝外来资本的重要原因是，老干妈拥有高效的现金流，上市必然会使资本分享老干妈的丰厚利润。另外，在资本的迫使下，改变自身的中长期战略，留下窟窿让自己来填，这或许是陶华碧不愿意接受的。

相比于陶华碧，很多创业者都有自己的盘算。当这些创业企业面对融资渠道时，尤其是作为创业者来说，当极度缺乏资金，急需一笔资金"续命"时，一旦有机构愿意注入一笔救命的资金，在生死的面前，他们往往会欣然接受。

为了得到这笔融资，很多创业者毫不犹豫地答应资本方的"对赌"，结果不仅被资本赶出自己辛辛苦苦创建的企业，更有甚者，背负巨额的债务。对此，新东方联合创始人王强告诫创业者说道：

年轻的创业者应该警惕那些"秃鹫"一样的投资者。曾经有不少创业者与投资基金签订对赌协议。对于创业者而言，这是最大的陷阱。你可能不明白，你作为创业者永远不可能在这场游戏中获胜。因为如果你赢了，那么投资协议成为现实；如果你输了，那么你血本无归。

我呼吁，一个创业者，尤其是起步时期的创业者，千万不要签署对赌协议。除非，你不热爱你所创立的事业。对赌就是泡沫，就意味着你眼下已有的资源无法达到的目标，而你将被迫必须达到。这是如此的惨烈。

对赌意味着你要做不得不做的事情，一旦失去了经营企业最本质的初心，心态毁于一旦，你就无法回头。在对赌的协议中，创业者面对投资者就像是面对赌场中的庄家，赢的概率早就被算好了。[①]

---

① 王强.撕开资本的傲慢 创业者千万不要签对赌协议［J］.福布斯中国，2015（03）：23—25.

如今的王强，作为真格基金联合创始人，经历了新东方的上市，以及众多的投资，其观点相对客观和理性。

当我们查阅最近几年的相关诉讼案件发现，法院对此类案件的判决结果证明了王强的观点。当创业者对赌失败后，上市企业的胜诉率居然高达100%，即使是PE（Private Equity，简称PE，私募股权投资），或者VC（Venture Capital，缩写为VC，风险投资），其胜诉率亦超过了97%。这样的数据足以说明，资本方在与创业对赌的游戏中，创业者几乎没有任何胜算。

作为老干妈的经营者，陶华碧虽然没有系统地研究过上市、风险投资等融资渠道理论，但是却从经营的角度真正地看懂了融资的本质，足以说明陶华碧对融资问题的精准判断。

除了老干妈，华为创始人任正非也坚持不上市。据英国《每日电讯报》报道称，任正非在伦敦的一个新闻发布会上对媒体表示："事实上，公众股东是贪婪的，他们希望尽早榨干公司的每一滴利润。而拥有这家公司的人则不会那么贪婪……我们之所以能超越同业竞争对手，原因之一就是没有上市。"

在任正非看来，资本是贪婪的，他们希望尽早榨干公司的每一滴利润。任正非表示，"因为公司的拥有者并不贪婪，因此华为也能留在所享受的位置。但是我不可能永远活着，也许有一天华为人也会变得贪婪。华为的员工也是公司的所有者，因此他们往往会着眼长远，不会急于套现，这就是华为能够赶超业界同行的原因之一。"

的确，在如今许多企业都争着上市圈钱的氛围下，陶华碧与华为断然拒绝上市，这种"另类"做法使其能够在金融危机中安然渡过，也让那些财务造假上市、业绩变脸、急着变现的企业家汗颜，因为在如今的商业时代下，能够拒绝浮躁是一种修炼。

多次拒绝上市提议

拟上市企业在开启IPO之旅时，不妨对着"老干妈不上市"这面三棱镜进行自省：如果的确是为了圈钱铤而走险，造假上市，那么应该趁早悬崖勒马，将精力集中到企业经营上，先把企业做大做强，等到符合上市条件再说。[1]否则，就是缘木求鱼。

客观地讲，在某些企业的上市动机中，一些地方政府起到了推波助澜的作用，甚至一些研究者都疑惑地问："地方政府推动企业上市的出发点——究竟是从政绩需要出发，还是从企业实际发展需要出发？"

这样的疑惑很正常。很多地方政府把推动企业上市作为一项非常重要的工作来抓，各级地方官员也因此乐此不疲。有一些地方政府从短期政绩出发，将一批根本不具备上市条件或者说暂时还不够条件的企业强行推动上市，这样的问题企业登陆证券市场，自然会给投资者甚至整个社会带来无穷危害。[2]

由于陶华碧坚持老干妈不上市，加上老干妈拥有强大的现金流，这块巨大的蛋糕让很多投资机构垂涎三尺。为了能够说服陶华碧开展资本运作，一些投资机构想尽方法，动用一切力量，结果仍是屡屡碰壁。

陶华碧坚决不上市的态度也让贵阳当地政府多次吃了"闭门羹"。一旦提及上市，陶华碧就会断然拒绝。

曾负责广东省、海南省老干妈总代理的花铁贸易公司副总经理林先生也说："'老干妈'这个人，非常相信自己的直觉。"

正是因为陶华碧坚持"不贷款、不融资、不上市"的"三不"政策，使得很多有意对老干妈投资的机构铩羽而归。

---

[1] 经宝.不贷款、不融资、不上市 "老干妈"不上市给政府和企业的启示[N].企业家日报：第09版，2014-04-25.

[2] 经宝.不贷款、不融资、不上市 "老干妈"不上市给政府和企业的启示[N].企业家日报：第09版，2014-04-25.

陶华碧坚持老干妈不上市确实是说到做到，老干妈发展和壮大的20多年，硬是坚持"不贷款、不融资、不上市"的"三不"政策，连仅有的一次银行贷款，也是熬不过政府官员的人情"帮衬"而已。

在如今"资本为王"的大环境里，陶华碧的做法同样值得研究和借鉴。多年来，只有两家投资机构有幸迈进老干妈公司的大门：一家北京的，一家香港的，分别是2011年和2012年来的。

负责接待这两家机构的老干妈内部人士回忆称，当时压根就没考虑要进一步接触，甚至已经记不清楚这两家机构的名称，当初给的名片早已丢弃在某个角落里。

负责接待者说："当时他们已经到贵阳了，找到政府，政府的人把他们带到公司。我们直接拒绝了，没有这个意向和需求，与他们也没有什么可谈的，顶多给他们介绍了一下我们公司的发展。"

还有一些投资机构通过贵阳市政府转达投资的意愿，因为老干妈没有上市和融资需求，就直接拒绝了。

这样的观点得到了北京某投资机构人士的认可，想投资给老干妈的绝对不只几家机构，"听说很多机构都找过贵阳市政府，只是老干妈不见"。

贵阳一位金融从业人士在接受媒体采访时坦言："见不到公司，机构只能找政府，政府当然鼓励企业去上市，毕竟贵州的上市公司少得可怜。但企业的工作做不通，老干妈不要银行贷款，甚至政府的钱也不要，更不用说外面来的投资机构了。"

在该人士看来，当地不少金融机构都想傍上老干妈这棵"大树"，可是陶华碧始终坚持"不贷款、不融资、不上市"的"三不"政策，简直就是铁板一块。该人士说："找政府没用，企业压根不买账。政府也知道他们的脾气，很多意向不用转达，就直接把机构回绝了。"

陶华碧坚守老干妈不上市，不仅是坚守老干妈稳健发展的具体表现，也是在远离贪婪的资本市场。当我翻阅媒体的多篇报道，不管是陶华碧，还是老干妈的内部人士，都在反复强调"我们不贷款、不融资、不上市"。

在陶华碧看来，老干妈一直坚持现款交易，而且有多少钱就做多少事，从没出现过资金周转困难的情况。"我们没有这个需求，而且只专注做辣椒酱，不搞其他的，所以没有跟那些机构接触的必要嘛。"

抵住上市诱惑

在上市问题上，陶华碧相对是比较清醒的。当然，陶华碧的做法引来了不少机构投资者的冷嘲热讽和批评。有的人撰文称："看不懂这段话啊，谁把钱吸走，为什么要还债？"

可以肯定地说，不管陶华碧是否带有何种"上市=圈钱"的"偏见"，但其能够抵住诱惑和忽悠，坚持做好主业，稳健发展的精神是值得肯定的。

摆在陶华碧面前的路并非只有上市一条。究其原因，"老干妈想要做大做强，一定需要上市"的确是一个伪命题，因为上市只不过是一个选择项而已。不可否认的是，陶华碧能够抵制资本增值的诱惑，这样的行为与大众眼中的道德高尚无关，与是否上市就能够做大老干妈也没有因果关系，而是陶华碧自己的经营策略。

说到底，老干妈不上市的关键原因是由自身特性决定的。首先，老干妈是一家轻资产的公司，产品生产线的初始投入并不是很高，其技术含量相对于芯片制造要低很多。其次，老干妈的产品较为特殊，老干妈辣椒酱是快消品，只要潜心深耕市场，利润稳定，属于典型的"隐形冠军"。

老干妈之所以能够在与竞争对手的较量中胜出，关键在于陶华碧选择了一个实力雄厚的大企业或者跨国企业所忽视的、不愿意插手或者认为不值得涉足的商业盲区，见缝插针捕捉新的商业机会，从而得到更丰厚的利润。即使实力雄厚的大企业或者跨国企业想要涉足该市场，也要付出高昂的成本作为代价。

学者沈一冰撰文指出:"按照陶总的性子,收购兼并是肯定不接受的,那么硬做一个新的品牌出来的话,因为本身老干妈的定价已经较低,在这个空间有限的细分市场,超出需求的辣酱类产品消化速度是很慢的,砸钱的收效就是和老干妈同归于尽,何况要砸多少钱才能把老干妈干下去还是个未知数,还不如用这钱做用量更大的油酱醋酒。所以,老干妈面临的竞争威胁实际也不那么激烈。"①

在市场经济条件下,要想在强手林立的竞争中做强做大,必须专注于市场的某一细分环节,绝对不能与实力强大的跨国公司正面竞争,尽量通过专业化经营、见缝插针的方式占据有利的市场位置。

由于陶华碧坚持全现金结算,老干妈的现金流非常良好。在实际经营中,老干妈的业务开拓,没有迫切的融资需求。在这样的背景下,老干妈上市与否都不影响其做强做大。只要不盲目地展开多元化经营,继续保持较高的产品品质,自然可以把老干妈打造成百年老店。

在上市与否的争论中,我们必须明确企业上市的真正需求。一般,企业上市的原因有三个:首先,上市公司能够自由运用股和债这两种基本融资工具,非上市公司无法做到;其次,上市公司可以通过其资本市场平台方便地进行兼并和收购,无须动用太多现金,而非上市公司的股权一般做不到大规模的股权收购;最后,上市公司通过股权激励的方式可以方便地招揽、留住专业的管理和技术人才。

可能有读者会问,既然上市的原因也就那么三个,什么样的企业有上市需要呢?从老干妈的案例反过来分析就容易理解了,这些公司的特点是重资产公司、缺钱、竞争激烈,几乎涵盖大部分行业。作为老干妈创始人陶华碧,

---

① 沈一冰.老干妈不上市真是为了"不骗人钱"吗?[EB/OL].2015. http://upinquan.jrj.com.cn/2015/01/12104418683744.shtml.

坚守"不贷款、不融资、不上市"的"三不"政策,不过是只做自己了解的事情,这是非常正确的策略。

陶华碧坚持不上市,有其自身的合理性和逻辑性。陶华碧这样做,虽然保证了自己对老干妈的控制权和决策上的灵活,但最大的问题是,她现在年纪较大,退休的问题就成为一个必然。

从这个角度来讲,在下一代李妙行和李贵山的领导下,老干妈能否像陶华碧一样坚持不上市,不向资本妥协,仍是一个未知数。

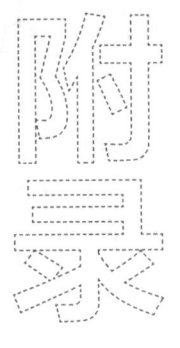

陶华碧接受凤凰网记者专访（节选）

（1）不偷税、不贷款、不上市：有多大本事就做多大事

凤凰网资讯：老干妈企业最被人称道的地方就是纳税，很多企业抱怨税太重。您为什么每次主动纳税？

陶华碧：早交晚交都要交，从来不拖欠国家一分一厘，这才是做企业，也是我们的能力，拖欠或者偷漏税款是很不好的。我们没有国债，不欠国家税收，也没有贷款，干干净净，一身清白，该赚的钱我就赚，不干净的钱我不要。别人都说老干妈憨得很，我不憨，我觉得纳税是光荣，我自豪，哪一个要骂我，我要和他骂到底。

凤凰网资讯：您经营企业还有一个原则——不贷款。这是为什么？

陶华碧：我没有跟国家贷过款，贴息贷款我都不要。去贷款，都没得压力，就没得动力。自己去做，你晓得压力压在自己肩膀上，晓得去努力去奋斗。

政府很早以前就提出要扶持，我不要，我有多大本事就做多大的事，踏踏实实地做，不欠别人一分钱，这样才能持久。

我不欠政府一分钱，不欠员工一分钱，拖欠一分钱我都睡不着觉。和代理商、供货商之间也互不欠账，我不欠你的，你也别欠我的，我用我的质量保证我的市场。很多供应商都是从建厂维持到现在。

凤凰网资讯：不少中国民营企业感叹生存环境困难，各种名目税收、各种年检甚至潜规则等，您创业的过程中有没有遇到过来自这方面的压力？

陶华碧：我不怕。我们企业走到今天，对国家，就是卖一个煤渣，我都要纳税；对供应商来说，我从不拖欠一分钱；对员工来讲，我按照国家政策不亏待；对顾客，从原材料到每一道工艺，我们都认认真真去做，保证质量。我们非常透明。我的账是公开的，随便你来查。

凤凰网资讯：遇到外界压力，很多人可能会选择妥协，你会妥协吗？

陶华碧：如果妥协，另外一拨人又会来，还会变本加厉。他都不怕我怕什么？一个人在遇到困难的时候，绝对不要让步，绝对不要跟那个人一样，就要跟他打。要打仗，都要打赢。

凤凰网资讯：很多企业做大了都想着上市，您为什么反对上市？

陶华碧：我坚决不上市，一上市，就可能倾家荡产。上市那是欺骗人家的钱，有钱你就拿，把钱圈了，喊他来入股，到时候把钱吸走了，我来还债，我才不干呢。还有一个原因是什么？我告诉你们年轻人一个道理，人有压力，就有动力。

我教育儿子，就好生生做人，好生生经商。千万千万不要入股、控股、上市、贷款，这四样要保证，保证子子孙孙做下去。

所以一有政府人员跟我谈上市，我跟他说：谈都不要谈！免谈！你问我要钱，我没有，要命一条。

我打下的江山，我就把它做好，做专做精，我自己有多大能力就做多少事情。凭自己真本事做些事情，这样活得才有意义。不要想赚便宜钱，只要留得青山在，你还怕没得柴烧嘛。好生生去做，自己打下一片天，我觉得才是真本事，才有意义。人的一生当中，遇到困难的时候很多，但是我不怕。

国家商标局一位局长，有一年来我们这里，说你们上市吧，我说我不上市；他说你控股吧，我说我不控股、不参股、不上市、不贷款。这4条我跟他讲了，我把所有账拿来，我做得干干净净，我不怕（他们）查我的账，越查我越高兴，有不对的地方我就喊他们来查，看哪里做得不对，及时改进。

凤凰网资讯：也有很多企业做大做强以后，开始走多样化，涉足最赚钱的行业。你们有没有心动过？

李辉（老干妈小儿子）：七八年前，就有官员说让我们走多样化，比如可以做些房地产。但是我母亲坚持不做。如果当时做了，今天钱可能不是问题，但辣椒还能不能走到今天就不好说了。我母亲说，不要去贪大，要先把自己做强，吃的东西祖祖辈辈都可以延续下去。

陶华碧：我做本行，不跨行，就实实在在把它做好做大、做专做精。这也做那也做，你哪有那么多的精力？我一心投入辣椒行业，越做越大，而且要做好。钱来得再快，也不能贪多。滴水成河，把一个行业做精。

我们利很薄，就靠量，薄利多销。靠暴利那是不行的，滴水成河、粒米成箩。

（2）我不能输，输了人家还要来笑话你

凤凰网资讯：您今天企业能够这样成功，您觉得主要靠什么？

陶华碧：我觉得，现在党的政策就好，就看你的本事和你的努力，和你

的奋斗，这样子你才有成功的可能。人都要吃苦。

早期我挑着担子卖米豆腐，很多人耻笑我。我不怕，靠我自身的努力，我觉得光荣和自豪，我总比你吃劳保、拿别人的钱好，如果我那时候也是好吃懒做，我就到不了今天。

有一个好的政策，你就要好好去做，无论种地还是做其他。不怕苦、不怕累，才能打出金山、银山。现在我还要努力，尽我最大的努力来奋斗，我还要把企业做强、做大。

李辉：董事长非常要强，我们做任何事情，她不允许过夜的，安排的事马上做。

陶华碧：夜长梦多。

凤凰网资讯：几十年下来，您都不离厂，不怎么休息，整个创业过程觉得累吗？

陶华碧：说老实话，这个过程，我觉得好累，但是也挺过来了，人活在世上就是要累。我都讲了，要活得有意义，把一切时间都抢过来。我们做生意是很不容易的，要讲质量，还要讲产量。最重要的是纳税，也要把员工的工资发齐。不拖欠别人一分钱，拖欠一分钱，我就睡不着觉。

凤凰网资讯：刚开始创业很艰难，那时候遇到的最大困难是什么？有没有支撑不下去的时候？

陶华碧：我没有想过放弃，因为你既然要做一件事，这个想法就必须要实现。要是放弃了，人家会指着你的肋巴骨（贵州方言，即肋骨），"陶春梅（陶华碧原名），你吃不上饭啰"，叫人家笑话，你才活不下去。我有这个坚强的力量，就是我不睡觉，我都要把它做下去，我要做好，财旺、火旺、人旺，我就要把它做得红红火火的。一旦放弃了再去做，绝不会成功。

成功的企业就不要去失败，要好生生去做，要做就把它做大，做成精钢、好钢，我就要成功。别人眼里可能认为"你孤儿寡母，能做什么"，但是我就要拼下去。否则，你吃不上饭，人家笑话你。

人都有碰到困难的时候，你一定要努力。别人能拼下去，难道你就拼不下去吗？今天就是面对一个土匪，我都要跟你拼下去；你把我杀下去，我就要把你杀下去。要拼就会赢，不拼就会输下去。但是我不能输，输了人家还要来笑话你，我不偷不抢，好生生把我的企业做好。

（3）我要不强，我们生活都无来源

凤凰网资讯：你很要强？

陶华碧：我（要）不强，我们生活都无来源。女人只要有事业心，哪都能撑下去。更何况现在政策又好，只要你不乱，我什么都能做得到。我实实在在地做下去，没有偷过一分钱的税，也从不漏税、抗税。

我们不想当官，就要做实业，要上对得起祖宗，下对得起百姓，还要对得起党和政府。现在没有政府给你撑腰是不行，现在被打击得很多，但是我不怕，我就要把它做出来。

我说的是实实在在的，我不说假话，要说真话。党也说要听就听真话，说实话。我走出来的路，现在那些年轻小伙子都走不赢我。人可以拼，人只要有这个心，有这个力量，你就不怕。

我这个人虽然脾气不好，但是我的心好，我没那个坏心，我诚诚恳恳地做。我教育他们，要好好做人，要赚清清白白的钱。为国家多做点贡献，要为国争光，多纳点税收，如果说你今天偷点税、明年偷点税，总得存到银行，到时候人家查你，你这个脸都没有地方放。

人要有志气，要自尊、自爱、自强、自信。先做人，后做本，你人都不会做，怎么经商呢？诚信做人、诚信经商、诚信纳税，你就不怕，我们要子子孙孙这样做下去。

（4）经商的人要了解国家大事，我每天看《新闻联播》

凤凰网资讯：您现在的厂子还是一个家族企业，而家族企业老人的领导地位很关键，有没有担心过将来？

陶华碧：谈到家族企业，外界不看好，我不那样看，没有家族企业，企业是赚不到（钱）的。不是一家人，就容易各是各的心，要同是一条心，才能做大企业，才有和谐社会。

西方国家一样有很多家族企业，包括中国香港的李嘉诚也是家族企业。家族企业并不是不要现代化企业管理的机制，家族企业同样要融入现代化企业的管理制度。历来的传统都是这样子，成功的企业往往都是家族企业。

（5）最欣赏吴仪，做事有魄力

凤凰网资讯：您最欣赏的女性是哪位？
陶华碧：最佩服吴仪。

凤凰网资讯：欣赏她什么？
陶华碧：我欣赏她做事、做人有魄力。……遇到危机，一下子就解决了，我觉得她这种个性很好，我以后要向她学习，我对她是最佩服的。

（6）经过风吹雨打、日晒雨淋，才算真正的企业家

凤凰网资讯：让您感到最幸福的是什么事情？
陶华碧：我没什么（个人）幸福，我觉得事业好、事业成功就是我最大的幸福、最大的安慰。

凤凰网资讯：最开心、最快乐都在老干妈事业中？

陶华碧：对。一天没有早起，我都觉得不幸福，是懒惰，所以我追求事业，事业成功就是我最大的幸福，我感到光荣和自豪。

凤凰网资讯：今天回首自己的创业路，您刚才一直讲人要做有意义的事情，您觉得怎么样的人生才是有意义的？

陶华碧：从年轻走到老，我觉得人生的路没有平平淡淡的。没有经过风吹雨打，不算企业家；经过风吹雨打、日晒雨淋，才算真正的企业家。有些企业家你别看他说的，要看他实际做的才是真功夫、硬功夫，拿都拿不出来是见不得太阳，是在温室里长大的。我们是见得到太阳，经过日晒雨淋、风风雨雨走过来的。

凤凰网资讯：那您觉得自己有没有遗憾，或者还没有完成的心愿？

陶华碧：我这个企业像蛋糕一样做大、做强、做好，这就是我最大的心愿。对得起政府，对得起社会就行了。人生的路最难走，但是要走下去，不能停，即使慢走也不能停。

凤凰网资讯：您能给人一种很强的力量感，特别强大。

陶华碧：我不坚强没有办法，人要坚强才有力量。有政府给我们做后盾，我怕什么？我就不怕。没有政府的力量，就没有我陶华碧的今天，所以还要感谢政府，感谢党。我们全体员工的孩子读书、上学，都是政府在做啊，给我们提供了很好的环境，感谢上级政府对我们的关心和支持，我很感谢。

我这个人脾气不好，但我的心诚，对人要诚，对人要忠，不管对谁，我觉得诚诚恳恳好一点。

凤凰网资讯：您很少有流泪的时候，但是2011年"两会"碰到您，讲以前经历的时候落泪了，那是一种什么样的情感？

陶华碧：遇到困难从来不会掉眼泪。回首那种过去会，就是感触很深，太不容易了。

凤凰网资讯：您有很强的民族品牌意识？

陶华碧：对，创民族品牌，立千秋大业，我要做千年光彩。做事要看长远，我们要做到祖祖辈辈，目光短浅是走不了多远的。金杯银杯抵不过消费者的口碑，我从来没有打过广告，靠消费者的口碑一个传一个，有华人的地方就有我们的产品。人算不如天算，做事、做人都要凭自己的良心，我对得起自己的良心。

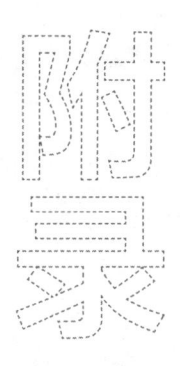

附录二 老干妈所获荣誉

1998年

被南明区授予"先进纳税户"称号。
被南明区地方税务局授予"先进纳税大户"称号。
系列产品被贵阳市政府评定为"贵阳市名牌产品"。
被贵阳市政府授予"质量管理先进企业"称号。
被贵阳市技术监督局评为"贯彻实施技术监督法规先进企业"。
产品"老干妈风味豆豉"被评为"贵州省名牌产品"。

1999年

产品"老干妈风味油辣椒"被评为"贵阳市（推荐）名牌产品"。
产品"老干妈风味油辣椒"被评为"贵州省名牌产品"。
被贵阳市委、市政府评为"贵阳市十强民营企业"。

被南明区评为"经济工作先进单位"。

被南明区评定为"十佳纳税企业"。

"陶华碧牌老干妈"商标被评为"贵州省著名商标"。

被中国食品工业协会授予"全国质量效益型先进企业"称号。

2000年

被评为"贵阳市南明区重点企业"。

被评为"贵阳市非公有制经济先进私营企业"。

被贵州省委、省政府授予"贵州省非公有制经济'明星企业'"暨"一九九九年度发展乡镇企业'先进企业'"称号。

产品"老干妈鲜牛肉末"被评为"贵州省名牌产品"称号。

被国家农业部评为"全国乡镇企业质量管理先进单位"称号。

2001年

被贵阳市政府授予"党建文明先进单位"称号。

荣获"'十强'纳税大户"称号。

被贵州省农业厅等十二厅局评定为"贵州省农业产业化经营重点龙头企业"。

被中国食品工业协会评定为"中国农业产业化经营20大龙头食品企业"称号。

系列产品被评为"2001中国国际农业博览会名牌产品"。

2002年

被贵州省国家税务局和贵州省地方税务局共同评定为"诚信纳税企业"。

被贵阳市人民政府授予"非公有制工业企业党建先进单位"称号。

被贵州省委、省政府授予"1999—2002年度文明单位"称号。

被贵州省委、贵州省人民政府评为"发展乡镇企业先进单位"。

年度纳税额在国家税务总局统计的排行榜中名列中国民营企业纳税第五名。

通过ISO 9001质量管理体系认证。

2003年

被贵阳市政府授予"党建文明先进单位"称号。

荣获"'十强'纳税大户"称号。

被贵阳市委、市政府评为"'十佳'明星企业"。

成为"贵州质量诚信企业联盟行业独家发起单位"。

被评为"贵州省食品工业杰出企业"。

注册商标"老干妈"被评为"贵州省食品工业著名品牌"。

被贵阳市南明区委、区人民政府授予"纳税突出贡献企业"称号。

被贵阳市人民政府授予"非公有制工业企业党建先进单位"。

年度纳税额在国家税务总局统计的排行榜中名列中国民营企业纳税第十名。

2004年

产品"油辣椒"被评定为"绿色食品"。

被中国保护消费者基金会评为"质量放心、用户满意"双优品牌。

产品"鲜肉丝豆豉"和"红油腐乳"分别荣获贵阳市优秀新产品三等奖和鼓励奖。

荣获"2003年度重点非公有制经济优势企业"称号。

注册商标"老干妈"被贵州省工商局评为"贵州十佳著名商标"和"消费者喜爱的品牌"。

被国家农业部、发改委、财政部等8部委认定为"农业产业化国家重点龙头企业"。

被中国食品安全年会组委会授予"全国食品安全示范单位"称号。

被贵州省国家税务局和地方税务局共同评为"A级纳税信用企业"。

年度纳税额在国家税务总局统计的排行榜中名列中国民营企业纳税第二十五名。

通过ISO 14001环境管理体系认证。

2005年

被评为"首届贵州省50家诚信单位"称号。

被评为"依法治厂示范单位"。

被评为"贵州省知识产权试点单位"。

被国家农业部、发改委、财政部等8部委评为"全国农业产业化优秀重点龙头企业"。

被授予历届中国食品博览会参展产品"最佳成果奖"称号。

产品"鲜肉丝豆豉""香辣脆""辣三丁"和"辣子鸡"被评为"贵阳市（推荐）名牌产品"。

被农业部评为"全国农产品加工示范企业"。

被贵州省国家税务局和地方税务局共同评为"A级纳税信用企业"。

年度纳税额在国家税务总局统计的排行榜中名列中国民营企业纳税第三十七名。

2006年

通过HACCP认证系列产品荣获2006"开磷杯"多彩贵州旅游商品两赛一会贵阳市选拔赛旅游商品设计大赛优秀奖。

系列产品荣获2006"开磷杯"多彩贵州旅游商品设计大赛特别提名奖。

荣获"中国名牌产品"称号。

荣获2005—2006年度全国食品工业优秀龙头食品企业称号。

2007年

"陶华碧老干妈"商标荣获驰名商标。

2014年

老干妈入选2014年中国最有价值品牌500强榜单,以160.59亿元的品牌价值名列第151位。

2016年

老干妈年营业收入达到45.49亿元,同期年纳税额7.55亿元,排名贵州民营企业100强第二位,仅次于当地一家房产商的8.34亿元。

2017年

2017年8月1日,贵州企业联合网发布了"双百榜单"。在"2017年贵州民营企业100强名单"中,贵阳南明老干妈风味食品有限公司榜上有名,位列第五。

2018年

2018年1月24日,老干妈辣椒制品的日生产能力已超过300万瓶,拥有24个系列产品,同时产品畅销全球各地,产品出口80个国家和地区。

2018年5月,贵阳南明老干妈食品有限公司品牌价值121.48亿元。

2019年

2019年营收突破50亿元。

2019年9月6日,贵州企业联合会、贵州企业家协会在贵阳联合发布了2019贵州企业100强名单,贵阳南明老干妈风味食品有限责任公司排名第44。

贵州企业联合会、贵州企业家协会在贵阳联合发布了2019贵州民营企业100强名单,贵阳南明老干妈风味食品有限责任公司排名第6。

2019年12月16日,入选"农业产业化国家重点龙头企业名单"。

2020年

2020年,全年完成销售收入54.0009亿元。

2020年5月12日,陶华碧以90.0亿元财富位列《2020新财富500富人榜》第350位。

2020年12月18日,陶华碧位列《2020中国品牌人物500强》第133位。

2020年12月,获得贵州省"千企帮千村"精准扶贫行动100家先进民营企业荣誉表彰。

2021年

2021年4月25日，入选中国农业产业化龙头企业协会发布的"2020年农业产业化龙头企业百强"名单，位列第100名。

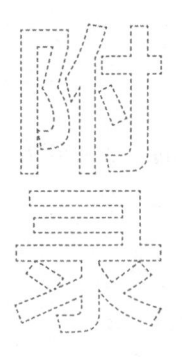

附录二 改革开放40年百名杰出民营企业家名单

姓名 （按姓氏笔画为序排列）	企业和职务
丁佐宏	月星集团有限公司董事长
万 隆	双汇集团董事长
马 云	阿里巴巴集团董事局主席
马化腾	腾讯公司董事会主席兼首席执行官
马有福	青海雪舟三绒集团董事长
王 伟	贵州兴伟集团公司董事长
王 填	步步高集团董事长
王文京	用友软件股份有限公司董事长兼总裁
王正华	上海春秋国际旅行社有限公司董事长
王召明	内蒙古蒙草生态环境（集团）有限公司董事长
王传福	比亚迪股份有限公司董事长
王均金	上海均瑶（集团）有限公司董事长
王林祥	内蒙古鄂尔多斯投资控股集团公司董事长
王建沂	富通集团董事局主席

续表

姓名 （按姓氏笔画为序排列）	企业和职务
牛宜顺	华勤橡胶工业集团有限公司党委书记
尹明善	重庆力帆汽车有限公司董事长
左宗申	重庆宗申产业集团董事长兼总裁
叶 青	北京叶氏企业集团有限公司董事长
史贵禄	荣民控股集团有限公司董事长
冯小华	广西洋浦南华糖业集团董事长
尼玛扎西	西藏宏绩集团有限公司董事长
年广九	傻子瓜子创始人
乔秋生	河南黄河实业集团股份有限公司董事长
任正非	华为技术有限公司主要创始人、总裁
刘汉元	通威集团有限公司董事长
刘永好	新希望集团有限公司董事长
刘延云	千喜鹤集团董事长
刘庆峰	科大讯飞股份有限公司董事长、总裁
刘羽桐	甘肃远达投资集团有限公司董事长
刘积仁	东软集团董事长
米恩华	新疆华凌工贸（集团）有限公司总裁
汤 亮	奥盛集团有限公司董事长
许连捷	恒安集团有限公司董事局副主席
许家印	恒大集团董事局主席
远勤山	大运九州集团董事长
严 琦	陶然居饮食文化集团董事长
苏志刚	广东长隆集团有限公司董事长
李 飚	海特集团董事长
李书福	浙江吉利控股集团有限公司董事长
李东生	TCL集团股份有限公司董事长兼CEO
李占通	天津大通投资集团有限公司董事长
李彦宏	百度公司创始人、董事长兼首席执行官

续表

姓名 （按姓氏笔画为序排列）	企业和职务
李彦群	吉林神华集团有限公司董事长
李振国	九芝堂股份有限公司董事长
李黑记	东岭集团股份有限公司董事长
李湘平	山东东明石化集团有限公司董事局主席
杨宗祥	云南祥丰实业集团有限公司董事长
吴少勋	劲牌有限公司董事长
吴以岭	以岭药业集团董事长
邱亚夫	山东如意科技集团有限公司董事局主席
何享健	美的控股董事长
余渐富	南翔集团董事局主席
冷友斌	黑龙江飞鹤乳业有限公司
汪力成	华立集团董事局主席
沈文荣	沙钢集团董事局主席
张　新	特变电工股份有限公司董事长
张一鸣	北京字节跳动科技有限公司CEO
张芝庭	贵州神奇集团董事长
张华荣	华坚国际股份有限公司董事长兼总裁
张近东	苏宁控股集团董事长
张果喜	果喜实业集团有限公司董事长
张建宏	东岳集团有限公司董事局主席
张彦森	狗不理集团股份有限公司董事长
陈东升	泰康保险集团股份有限公司董事长兼CEO
陈志列	研祥高科技控股集团董事局主席
陈泽民	郑州三全集团董事长
茅永红	百步亭集团董事局主席
林印孙	正邦集团有限公司董事长
金生光	正平路桥建设股份有限公司总裁
周海江	红豆集团董事局主席兼CEO

续表

姓名 （按姓氏笔画为序排列）	企业和职务
周群飞	蓝思科技集团董事长
郑跃文	科瑞集团董事局主席
宗庆后	杭州娃哈哈集团有限公司董事长
南存辉	正泰集团股份有限公司董事长兼总裁
柳传志	联想集团有限公司董事局名誉主席
钟建国	新疆天山电梯制造有限公司董事长
俞敏洪	新东方教育集团董事长
徐冠巨	传化集团有限公司董事长
涂建华	隆鑫控股有限公司董事局主席
陶华碧	贵阳南明老干妈风味食品有限公司董事长
黄　立	武汉高德红外股份有限公司董事长
曹和平	长春欧亚集团董事长
曹德旺	福耀玻璃集团创始人、董事长
常兆华	上海微创医疗器械有限公司董事长
崔根良	亨通集团董事局主席
阎　志	卓尔控股有限公司董事长
梁稳根	三一集团董事长
彭　凡	宁夏共享集团股份有限公司董事长
韩　伟	大连韩伟集团董事长
景　柱	海马集团董事长
傅　军	新华联集团董事局主席
傅光明	福建圣农发展股份有限公司董事长
鲁冠球（已故）	万向集团原董事局主席
谢志强	广西平铝集团有限公司董事长
雷　军	小米科技有限责任公司董事长兼执行官
雷菊芳	甘肃奇正实业集团有限公司董事长
樊建川	成都建川实业集团有限公司董事长
薛　荣	郑州圆方集团党委书记、总裁
魏立华	君乐宝乳业集团总裁
魏建军	长城汽车股份有限公司董事长

附录二

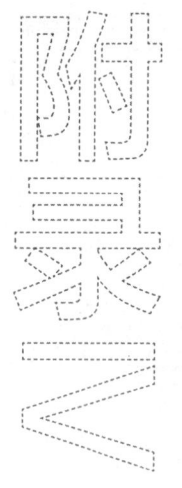

贵州南明老干妈风味食品公司诉湖南华越食品公司不正当竞争案判决书[①]

北京市高级人民法院

民事判决书

（2000）高知终字第85号

上诉人（原审原告）贵阳南明老干妈风味食品有限责任公司，住所地贵州省贵阳市龙洞堡见龙洞路138号。

法定代表人陶华碧，董事长。

委托代理人安翔，中原信达知识产权代理有限责任公司商标代理人。

委托代理人邹海林，科华律师事务所律师。

上诉人（原审被告）湖南华越食品有限公司，住所地湖南省长沙市奎塘

---

① 北京市高级人民法院.贵州南明老干妈风味食品公司诉湖南华越食品公司不正当竞争案判决书[EB/OL], 2006-5-22. http://www.modedu.cn/a/a789501/flws/content_33648.shtml.

航空路1号。

法定代表人易长庚，总经理。

委托代理人李静冰，北京市正见永申律师事务所律师。

委托代理人张其函，北京市正见永申律师事务所律师。

被上诉人（原审被告）北京燕莎望京购物中心，住所地北京市朝阳区北四环东路9号。

法定代表人刘向东，总经理。

委托代理人方建平，天平律师事务所律师。

委托代理人戴瑛，天平律师事务所律师。

上诉人贵阳南明老干妈风味食品有限责任公司（简称贵阳老干妈公司）、湖南华越食品有限公司（简称湖南华越食品公司）因不正当竞争纠纷一案，不服北京市第二中级人民法院（1999）二中知初字第132号民事判决，向本院提起上诉。本院依法组成合议庭，公开开庭审理了本案。上诉人贵阳老干妈公司的委托代理人安翔、邹海林，湖南华越食品公司的委托代理人李静冰、张其函，被上诉人北京燕莎望京购物中心的委托代理人方建平、戴瑛到庭参加诉讼。本案现已审理终结。

北京市第二中级人民法院判决认定，贵阳老干妈公司生产的"老干妈"风味豆豉具有一定的历史过程，"老干妈"作为该公司生产的风味豆豉的商品名称已得到特定地区广大消费者的认同和理解。"老干妈"作为商品名称，已与该企业及其生产的风味豆豉密切相关，成为一体。该产品在同类商品领域内是具有较高的市场占有率的，意味着在一定范围内享有较高的知名度。该产品深受广大消费者的喜爱，法律应对其合法权益给予保护。贵阳老干妈公司所使用的"老干妈"风味豆豉包装瓶瓶贴的设计具有一定的独创性，亦应予以保护。

湖南华越食品公司在最初使用该商品名称时，贵阳老干妈公司生产的

"老干妈"风味豆豉已在一定的范围内享有较高的知名度，且湖南华越食品公司对使用该商品名称的历史渊源，缺乏合理的依据，这种使用方式具有明显的"搭车"故意。湖南华越食品公司的此种使用方式极易使消费者产生混淆，造成误认。湖南华越食品公司的行为构成了不正当竞争，应承担相应的法律责任。湖南华越食品公司除继续使用已获得外观设计专利权的"老干妈"风味豆豉包装瓶瓶贴外，不得再使用与贵阳老干妈公司相近似的"老干妈"风味豆豉包装瓶瓶贴。贵阳老干妈公司要求经济赔偿的数额偏高，将综合本案的实际情况酌情确定。鉴于国家商标局已审定"刘湘球老干妈及图"商标，并予以核准注册，故贵阳老干妈公司请求湖南华越食品公司停止使用"老干妈"的商品名称及要求公开赔礼道歉的请求，不予支持。北京燕莎望京购物中心销售的湖南华越食品公司生产的"老干妈"风味豆豉，所使用的包装瓶瓶贴已获得外观设计专利权，故北京燕莎望京购物中心的销售行为没有侵犯贵阳老干妈公司的合法权益。依据有关法律规定，判决：一、湖南华越食品公司停止使用并销毁其在未获得外观设计专利权前与贵阳老干妈公司相近似的包装瓶瓶贴；二、湖南华越食品公司赔偿贵阳老干妈公司经济损失15万元；三、驳回贵阳老干妈公司其他诉讼请求。

贵阳老干妈公司、湖南华越食品公司均不服原审判决，向本院提起上诉。贵阳老干妈公司的上诉理由是：原审判决认定事实错误。第一，虽然湖南华越食品公司获得了外观设计专利权，但按照最高人民法院的批复精神，法院应对其专利权进行具体的分析，并判断是否构成侵权。而原审法院以其拥有外观设计专利权为由，认定不构成侵权，缺乏法律依据；第二，湖南华越食品公司申请注册的商标尚处于核准异议的复审阶段，没有获得最终授权，但原审判决却认定其已获得商标权，显然是错误的；第三，原审判决判定湖南华越食品公司只赔偿经济损失15万元，没有合理的依据；第四，原审判决判定北京燕莎望京购物中心不承担侵权责任是错误的。故请求二审法院撤销原审判决，依法作出公正裁决。

湖南华越食品公司的上诉理由是：原审判决认定事实不清。第一，根据湖南华越食品公司与贵阳南明唐蒙食品厂签订的"联营协议"内容，由贵阳南明唐蒙食品厂提供联营产品的瓶贴，因此，被控侵权产品的瓶贴不是湖南华越食品公司设计的，侵权责任不在湖南华越食品公司，湖南华越食品公司没有侵权的故意；第二，在贵阳老干妈公司获得外观设计专利权时，湖南华越食品公司已经不使用该瓶贴；第三，贵阳老干妈公司的产品不是知名产品，不可能造成同一地区消费者的误认；另外，信息沟通的欠缺造成了不适当的竞争。湖南华越食品公司在没有主观故意的情况下，实施了与贵阳老干妈公司相冲突的经营行为，是与反不正当竞争法中所禁止的不正当竞争行为有本质区别的。因此，湖南华越食品公司虽使用了原审判决附图2的瓶贴，但并不属于不正当竞争行为。故请求二审法院撤销原审判决第一、二项，依法作出公正裁决。

北京燕莎望京购物中心服从原审判决。

本院经审理查明，贵阳南明实惠饭店成立于1994年1月，创始人是陶华碧女士。该饭店于1994年11月更名为贵阳南明陶氏风味食品店，1997年5月更名为贵阳南明陶氏风味食品厂，1997年11月更名为贵阳老干妈公司。1994年11月，贵阳老干妈公司推出了以"老干妈"为商品名称的风味食品，其中以"老干妈"风味豆豉倍受消费者欢迎。1996年8月，该公司开始在其生产的"老干妈"风味豆豉外包装上，使用由该公司经理李贵山设计的包装瓶瓶贴。该瓶贴以红色为基本色调，整体图案的中部为产品发明人陶华碧女士的肖像。肖像下部为书写独特、鲜明的"老干妈"三个字，肖像左、右两侧自上而下分别写有"实惠饭店""风味豆豉"八个字，该八个字均置于黄色椭圆形图案内；整体图案左部为产品说明文字，右部为产品配方和执行标准等文字，在这些文字的上下两边分别写有"香辣突出""优雅细腻"和"贵州特产""精工酿造"等字，这些字置于黄色椭圆形图案内。1997年12月李贵山就其设计的瓶贴向中国专利局申请了外观设计专利，于1998年8月22日获得外观设计专利权。李贵山还于1997年12月30日将该瓶贴在贵州省版权局进行了产品设计图纸的版权登记。1999年1月，贵阳市人民政府将"老干妈"风味豆豉列为贵阳市名牌产品，贵州省经济贸易委员会和贵州省技术监督局确认陶华碧牌"老干妈"风味豆豉为贵州省名牌产品，1999年11月，中国食品工业协会颁发给贵阳老干妈公司先进企业证书。贵阳老干妈公司提供了其自1997年到2000年每年销售"老干妈"风味食品的数量及向国家纳税的有关证据，证明其1998年的销售额为4548万元，为国家纳税329万元；1999年的销售额为1.07亿元，为国家纳税近1500万元；2000年的销售额为1.315亿元，为国家纳税2400万元。

湖南华越食品公司于1997年9月成立。同年10月，该公司与贵阳南明唐蒙食品厂签订了"联营协议书"，约定双方共同开发生产"老干妈"风味豆豉，贵阳南明唐蒙食品厂提供技术，湖南华越食品公司提供生产所需的设备、设施及场地。同年11月，双方联合生产的"老干妈"风味豆豉开始上市，该产品使用的包装瓶瓶贴与贵阳老干妈公司使用的包装瓶瓶贴相比，除产品批号、执行标准、生产厂家、厂址电话、邮政编码不同以及将陶华碧女士肖像换成了刘湘球女士肖像外，其余色彩、图案、产品名称及"老干妈"三个字的字体均相同。其中，"老干妈"三个字的字体是从书法家史穆先生的题词"祝愿湖南华越老干妈风味豆豉飞黄腾达"中摘录下来，用作联营产品外包装上的。史穆先生提交文字证明称，题词中"老干妈"三个字系按照湖南华越食品公司提供的字体临摹的，不是其本人作品。

1998年1月，湖南华越食品公司以其法定代表人易长庚设计的"老干妈"风味豆豉的瓶贴向中国专利局提出外观设计专利权的申请，1998年10月被授予外观设计专利权。该瓶贴与李贵山设计的贵阳老干妈公司使用的瓶贴相比，只是将写有文字的椭圆形图案改变为菱形图案。随后，湖南华越食品公司与贵阳南明唐蒙食品厂将其联合生产的风味豆豉的瓶贴进行改版，改版后的瓶贴使用了获得外观设计专利权的图案，但仍使用了与贵阳老干妈公司产品瓶贴中字体相同的"老干妈"三个字。

1998年4月，湖南华越食品公司与贵阳南明唐蒙食品厂签订"合同终止协议书"，双方解除了联营关系。湖南华越食品公司开始单独生产"老干妈"风味豆豉等系列风味食品，仍以"老干妈"为商品名称，并继续使用原来的包装、装潢。湖南华越食品公司为宣传其生产的"老干妈"风味豆豉花费了一定数量的广告费用。

1999年，北京燕莎望京购物中心与北京市兴蜀蓉府南食品有限公司建立商品代销关系。1999年5月，北京市兴蜀蓉府南食品有限公司与湖南华越食品公司签订了购销合同，约定向湖南华越食品公司购买价值7万余元包括"老干妈"风味豆豉在内的系列产品。之后，北京燕莎望京购物中心开始为北京市兴蜀蓉府南食品有限公司代销湖南华越食品公司生产的"老干妈"系列风味食品。北京燕莎望京购物中心审查了由北京市兴蜀蓉府南食品有限公司提供的湖南华越食品公司企业法人营业执照、卫生许可证、进京食品、食品用产品卫生质量认可证、外观设计专利证书、税务登记书及购销合同等相关文件。

1999年8月，贵阳老干妈公司从北京燕莎望京购物中心购买了湖南华越食品公司生产的"老干妈"风味豆豉及"老干妈"风味辣三丁，外包装瓶上使用的均是湖南华越食品公司获得外观设计专利权的瓶贴。

1998年12月1日，湖南华越食品公司向国家工商行政管理局商标局（简称国家商标局）申请注册"刘湘球老干妈及图"商标，使用类别为第30类商品。该商标已被初步审定并公告。同年12月30日，贵阳老干妈公司向国家商标局申请注册"陶华碧老干妈及图"商标，使用类别为第30类商品。该商标亦已被初步审定并公告。在异议期内，双方分别对对方商标提出异议。2000年8月，国家商标局分别作出了商标异议的裁定，驳回异议人所提的异议。双方均在法定期限内，向国家商标评审委员会申请复审，目前正在审理中。

1998年5月至1999年1月，全国各地出现了由不同生产厂家生产的"老干妈"系列产品，为此，贵阳市工商行政管理局向全国各地工商行政管理局发函，请求予以查处。各地工商行政管理局已分别进行了查处。

1999年11月30日，贵阳老干妈公司以湖南华越食品公司生产的"老干妈"风味豆豉盗用了其产品的特有名称，并仿冒其产品瓶贴，在消费者中造成混淆、误认，侵犯了其合法权益；北京燕莎望京购物中心违法销售湖南华越食品公司生产的仿冒"老干妈"产品，亦侵犯了其合法权益为由，向北京市第二中级人民法院提起诉讼，请求：停止在被控侵权产品上使用与其产品瓶贴相近似的包装、装潢；停止使用"老干妈"商品名称；销毁被控侵权产品及其标识、瓶贴；赔礼道歉、消除影响；赔偿经济损失40万元并承担诉讼费用。

上述事实有贵阳老干妈公司提供的"老干妈"风味豆豉包装瓶贴、版权登记证书及该作品登记的图案复制件、"老干妈"风味豆豉包装瓶贴外观设计专利证书、湖南华越食品公司与贵阳南明唐蒙食品厂生产的"老干妈"风味豆豉包装瓶贴及湖南华越食品公司独家生产的"老干妈"风味豆豉包装瓶贴、湖南华越食品公司与贵阳南明唐蒙食品厂联营协议书、贵阳市工商行政管理局关于"贵阳南明老干妈风味食品有限责任公司变更沿革的证明"、国家工商行政管理局的核驳通知书、获奖证书、有关新闻报道文章、北京燕莎望京购物中心销售湖南华越食品公司"老干妈"风味豆豉的购物发票；湖南华越食品公司提供的其"老干妈"风味豆豉包装瓶贴外观设计专利证书及外观设计图、刘湘球头像及"老干妈"文字商标注册公告、广告宣传费用发票、广告播出证明、湖南华越食品公司"老干妈"宣传画册、获奖证书；北京燕莎望京购物中心提供的商品代销协议书、湖南华越食品公司卫生许可证、进京食品、食品用产品卫生质量认可证、工矿产品购销合同及双方当事人的陈述等证据在案佐证。

本院认为，知名商品是指在市场上具有一定的知名度，为相关公众所知悉的商品。根据本案的相关事实，贵阳老干妈公司生产的"老干妈"风味食品自投放市场以来，受到消费者的青睐，在较短时间内产品便畅销全国，销售量一直呈上升趋势，为国家纳税上千万元。即使在市场上出现了侵权产品的情况下，其销售量仍然处于上升趋势。由于其产品质量好，知名度高，在全国各地相继出现了多家仿冒其产品的厂家，严重损害了广大消费者的利益。1998年、1999年，贵阳市工商行政管理局多次向全国各地工商行政管理局发出公函，请求予以查处。由于该商品在市场上具有一定的知名度，属于为相关公众所知悉的商品。故应认定该商品为知名商品。

知名商品的特有名称，是指知名商品独有的与通用名称有显著区别的商品名称。知名商品的特有名称不需要任何部门的认定或授予，而完全是经营者的一种市场成果，只要一种商品名称在市场上具有了区分相关商品的作用，就应认定具有了特有名称的意义。"老干妈"作为一种地方风味豆豉的商品名称是贵阳老干妈公司创先使用的，也是由于贵阳老干妈公司的使用而知名的。"老干妈"三个字虽然没有独特的创新，但由于贵阳老干妈公司的使用，使"老干妈"三个字已经与贵阳老干妈公司及其生产的风味豆豉密切相关，不可分割，成为该商品的代表和象征，在社会上说起"老干妈"，人们自然会想到它代表贵州老干妈公司生产的风味豆豉。故"老干妈"已经具有了与其他相关商品相区别的显著特征，应认定"老干妈"为贵阳老干妈公司生产的风味豆豉的特有名称。

"老干妈"风味豆豉产品的包装、装潢，不是风味豆豉产品所通用的。该商品外包装瓶贴的色彩为红色，整体图案的中部为陶华碧女士肖像，肖像下部为书写独特的"老干妈"三个字，具有与其他类似商品包装、装潢相区别的个性特征。应认定"老干妈"风味豆豉产品的包装、装潢为其所特有。

将湖南华越食品公司与贵阳南明唐蒙食品厂联营生产的"老干妈"风味豆豉产品的包装瓶瓶贴与贵阳老干妈公司的瓶贴相比较，可看出，二者除所使用的肖像、产品批号、执行标准、生产厂家、厂址、电话、邮编不同外，其余图案的色彩、图形、文字排列、"老干妈"三个字的字形完全一致。故应认定湖南华越食品公司与贵阳南明唐蒙食品厂联营生产的"老干妈"风味豆豉所使用的名称、包装、装潢，与贵阳老干妈公司生产的"老干妈"风味豆豉所使用的名称、包装、装潢相近似，已给消费者造成误认，构成对贵阳老干妈公司享有的知名商品特有名称、包装、装潢的侵权。湖南华越食品公司上诉认为其与贵阳南明唐蒙食品厂曾约定，由贵阳南明唐蒙食品厂提供产品的瓶贴，故造成联营生产的产品与贵阳老干妈公司产品的包装、装潢相近似的后果，其没有主观故意。因"老干妈"风味豆豉是知名商品，该产品畅销全国，故湖南华越食品公司的上诉理由不能成立。

湖南华越食品公司改用其获得外观设计专利权的瓶贴后，产品名称仍为"老干妈"，与在此之前产品上使用的瓶贴相比，包装、装潢的整体风格、设计手法以及"老干妈"三个字的字形完全相同，图案结构、色彩运用及其排列组合也完全一致。区别仅在于将原瓶贴上的黄色椭圆形图案，改变为黄色菱形图案，以及图案中的文字内容有所变动。但从整体上看，普通消费者仍然不能区分出该产品与贵阳老干妈公司同类产品的区别，该产品所使用的名称、包装、装潢仍旧与贵阳老干妈公司同类产品相近似，给消费者造成混淆，因此亦构成侵权。现湖南华越食品公司以使用的瓶贴已获得外观设计专利权为由，认为其使用该瓶贴用作其产品的包装、装潢的行为，不构成对贵阳老干妈公司的侵权。由于本案案由为不正当竞争纠纷，权利人请求保护的是其知名商品特有的名称、包装、装潢的权利，它与专利权属于两种类型的知识产权权利。不同类型的知识产权权利发生冲突，人民法院应当按照民法通则规定的诚实信用原则和保护公民、法人的合法的民事权益原则，依法保护在先使用人享有继续使用的合法的民事权益。因此，湖南华越食品公司以其享有外观设计专利权为由，主张不构成对贵阳老干妈公司侵权的抗辩理由不能成立。由于贵阳老干妈公司在风味豆豉产品上使用的"老干妈"特有名称及其包装、装潢的行为先于湖南华越食品公司，故湖南华越食品公司使用其瓶贴用作产品包装、装潢，并使用"老干妈"作为商品名称，已经给消费者造成混淆，其行为属于不正当竞争，构成对贵阳老干妈公司的侵权，应承担停止侵权、赔礼道歉、赔偿损失的民事责任。湖南华越食品公司上诉认为，信息沟通的欠缺，是造成两省同类企业的产品包装、装潢相近似的真正原因，不属于不正当竞争，缺乏事实和法律依据，本院不予采纳。鉴于双方分别申请注册的商标，均在国家商标评审委员会审理中，均未获得商标权，故原审法院认定湖南华越食品公司已获得"刘湘球老干妈及图"商标权有误，本院予以纠正。

　　我国反不正当竞争法对侵权赔偿确定的原则是，以权利人因侵权人的侵权行为而受到的损失或侵权人获得的利润为赔偿依据。由于贵阳老干妈公司没有提供其因侵权而受到的损失，湖南华越食品公司也没有提供其因侵权所获得的利润，故本院按照实际情况予以酌定。湖南华越食品公司在1998年—1999年为此产品支出广告费用近160万元，按照商业惯例，经营者所获利润通常要高于广告投入，故贵阳老干妈公司要求湖南华越食品公司赔偿40万元人民币的诉讼请求应予支持。北京燕莎望京购物中心销售了湖南华越食品公司生产的侵权产品，贵阳老干妈公司要求其停止继续销售侵权产品的行为，理由正当，本院予以支持。

　　综上，原审判决认定事实不清，应予改判；贵阳老干妈公司的上诉理由正当，对其上诉请求应予支持，湖南华越食品公司的上诉理由不能成立，对其上诉请求应予驳回。依照《中华人民共和反不正当竞争法》第二条第一款、第五条第一款第（二）项、《中华人民共和国民事诉讼法》第一百五十三条第一款第（三）项之规定，判决如下：

　　一、撤销北京市第二中级人民法院（1999）二中知初字第132号民事判决；

　　二、湖南华越食品有限公司停止在风味豆豉产品上使用"老干妈"商品名称；

　　三、湖南华越食品有限公司停止使用与贵阳南明老干妈风味食品有限公司生产的"老干妈"风味豆豉瓶贴相近似的瓶贴；

　　四、湖南华越食品有限公司赔偿贵阳南明老干妈风味食品有限公司经济损失40万元（本判决生效后一个月内给付）；

五、北京燕莎望京购物中心停止销售湖南华越食品有限公司生产的"老干妈"风味豆豉；

六、湖南华越食品有限公司于本判决生效后一个月内，在一家全国发行的报纸上向贵阳南明老干妈风味食品有限公司致歉，致歉内容须经本院核准。逾期不执行，本院将在报纸上公布本判决，相关费用由湖南华越食品有限公司负担。

一审案件受理费8510元，由湖南华越食品有限公司负担（本判决生效后7日内缴纳）；二审案件受理费8510元由湖南华越食品有限公司（已缴纳）。

本判决为终审判决。

审　判　长　程永顺
代理审判员　刘继祥
代理审判员　马永红
二〇〇一年三月二十日

本件与原本核对无异

书　记　员　宗晓欣

参考文献

[1]陈付刚,汪筱兰."老干妈"品牌营销策略[J].现代营销,2014(06):28—28.

[2]陈璐.当中关村创客遇上"老干妈"[N].中国青年报:09版,2015-02-03.

[3]陈凯文.快消品营销打的是心理战,而非产品战[J].销售与市场,2016(20):17—17.

[4]迟忠波.善良之道成就"老干妈"[J].党建文汇:下半月版,2018(11):54—54.

[5]蔡鎏."老干妈":小辣椒的大文章[J].投资北京,2013(04):62—63.

［6］陈芳.独家对话老干妈：我不坚强，就没得饭吃［EB/OL］，2013. http://news.ifeng.com/exclusive/elite/special/laoganma/.

［7］邓舒馨.我国知名商标遭遇境外抢注潮［N］.中国消费者报，2014-07-18.

［8］段玉进.从"老干妈"案看驰名商标通用名称化防范［D］.厦门大学，2018.

［9］冯晓青，刘友华.从"老干妈"一案反思我国商标注册与保护制度［J］.法学，2001（10）：78—82.

［10］方奕晗.文凭分量只占成功比例的10%精英多来自非名校［J］.中国青年报，2008-05-26.

［11］葛守昆.从老干妈"三不"看民企经营之道［J］.企业家信息，2018（03）：116—117.

［12］郭静静，张守红.老干妈的营销定位分析［J］.现代营销（学苑版），2013（06）：101—101.

［13］管鹤扬.上市，还是不上市——老干妈与华为不上市原因探究［J］.现代经济信息，2014（09）：395—395.

［14］郝北海."老干妈"：逆营销下塑造商业传奇［N］.科技日报，2015-01-13.

［15］侯美玲.站在42岁起跑线上的老干妈［J］.劳动保障世界，2016（07）：47—47.

［16］黄威威，龙翔云，肖凌峰.贵州老干妈品牌发展中存在的问题及对策研究［J］.企业导报，2016（16）：115—115.

［17］黄语贤.被老干妈抛弃的贵州辣椒［J］.商界，2015（02）：62—65.

［18］经宝.不贷款、不融资、不上市——"老干妈"不上市给政府和企业的启示［N］.企业家日报：09版，2014-04-25.

［19］杰笃.老干妈从不打广告为什么火遍全世界［J］.中国中小企业，

2015（01）：40—41.

[20] 姜子谦.老字号企业是如何经营品牌的[N].北京商报，2012-08-08.

[21] 金阳时讯."老干妈"——走向世界的民族品牌[N].金阳时讯，2008-11-04.

[22] 林剑萍.偏执狂与客户体验[J].中国对外贸易，2012（10）：42—44.

[23] 林冈.被低估的"老干妈"[N].青岛日报：第08版，2013-03-04.

[24] 力鸿.集中一点——"小而专，小而精"战略[J].中国中小企业，2002（03）：47—47.

[25] 李国俊.贵阳南明"老干妈"公司品牌战略管理研究[D].贵州大学，2008.

[26] 刘锡华，况怡兰.陶华碧老干妈书写辣椒王国传奇[J].瞭望，2007（11）：106—107.

[27] 刘雯.论中国民族品牌发展[J].现代商贸工业，2009（11）：96—97.

[28] 刘子阳."老干妈"是怎样炼成的[N].法治周末，2013-02-19.

[29] 刘宇鑫.同仁堂中药炮制技艺计划申遗[N].北京日报，2013-03-27.

[30] 刘永炬.乔布斯的五大魔法[J].企业管理，2009（10）：24—26.

[31] 李采，涂宁秀，郭加文，等.贵州老干妈客户忠诚度浅析[J].现代食品，2019（01）：01—04.

[32] 李丙羊.口碑营销的"魔"与"道"[J].创新时代，2013（06）：78—80.

[33] 李伟.抓住品牌"老干妈"焕发青春[J].中外企业家，2013（05）：15—15.

[34] 李博.日本企业雇用契约的变革[J].经济与管理研究，2013（06）：83—83.

[35] 吕建军."老干妈"陶华碧与资本市场绝缘，为何这么牛[J].企业观察家，2018（09）：66—68.

［36］马文凤.呼唤诚信：全社会的心声［N］.河北经济日报，2009-06-13.

［37］马元月，彭梦飞.谁为上市公司"圈钱"买单？减持潮后再刮定增风［N］.北京商报，2015-06-15.

［38］仇晓东，段任飞.屡打不止贵阳"老干妈"饱受侵权之苦.中国商报知识产权导报，2013-10-10.

［39］邱胜."贵州品牌"走向世界［J］.当代贵州，2018（35）：10—11.

［40］任伟.种类繁多的贵州"辣"［J］.大众科学，2019（08）：16—19.

［41］施杏庄.近代果报见闻录之王和尚［M］.莆田：福建莆田广化寺，1993.

［42］陕西广播电视台《都市快报》.海底捞里吃到假冒"老干妈"食客碰巧是代理商［EB/OL］，2015. http://www.sn.xinhuanet.com/2014-04/16/c_1110269002.html.

［43］沈慎.老干妈，国货的硬功夫与慢功夫［J］.环球人物，2020（14）：10—10.

［44］申鑫，刘尧."老干妈"：把5块钱生意做成25亿［J］.中国市场，2010（05）：116-117.

［45］唐福敬，黄莎莎.有华人的地方就有"老干妈"——陶华碧一家调制的贵州味道［J］.当代贵州，2008（24）：42—45.

［46］田雅楠.老干妈公司品牌战略分析［J］.现代商业，2018（03）：56—57.

［47］吴晓波.激荡三十年：中国企业1978—2008年（上）.北京：中信出版社，2007.

［48］吴晓波.大败局［M］.杭州：浙江人民出版社，2001.

［49］吴心睿，曹永平指导."老干妈"的高级打开方式［J］.课堂内外：小学版（A版），2019（06）：56—56.

［50］武贵秀，王秦俊.农产品品牌化发展中的问题与对策——以"老干

妈"为例［J］.山西农经，2016：43—43.

［51］吴红雅.风雨十载创业路天道酬勤老干妈［N］大众科技报，2009-03-26.

［52］王志文.好一个"老干妈"［N］.中国国门时报，2012-11-05.

［53］王成荣，李诚，王玉军.老字号品牌价值［M］.北京：中国经济出版社，2012.

［54］王思语.俏江南做成了"俏江难"恐张兰董事长地位不稳［N］.华西都市报，2015-04-08.

［55］王薇薇.37亿老干妈的三不政策：拒绝资本更拒绝政府的钱［J］.福建质量管理，2014（Z3）：54—55.

［56］王薇薇.老干妈成资本市场绝缘体：拒绝上市 政府找也不行［N］.理财周报，2014-03-31.

［57］王达.司法权与行政权关系之探讨——对"老干妈"一审二审判决的异议［J］.法律适用，2001（10）：49—51.

［58］谢怡晴.老干妈的另类成功学：绝缘外来资本［N］.时代周报，2014-04-10.

［59］谢怡晴.老干妈的另类成功学［J］.全国商情，2014（09）：62—63.

［60］小生.老干妈狙击战［J］.全国商情，2014（33）：58—59.

［61］熊芳原，何久龙.家族企业的上市决策——基于老干妈拒绝上市［J］.新商务周刊，2018（16）：21—21.

［62］徐姝静.老干妈辣风［J］.创新世界周刊，2020（03）：69—72.

［63］徐赋葆.姚明打造民营企业王国［J］.现代工商，2011（12）：66—67.

［64］叶檀.华为和老干妈坚持不上市为何赢得掌声？［N］每日经济新闻，2014-05-12.

［65］袁家菊.基于波特模型的我国农产品加工工业的竞争强度与竞争战略——以"老干妈"企业为例［J］.安徽农业科学，2011（05）：42—43.

［66］杨沁锟.品牌混战：老干妈如何狙击"老干爹们"？［N］.商界，2014（10）：35—37.

［67］杨柳.贵湘俩"老干妈"再起商标纷争［N］.中国知识产权报，2014-01-10.

［68］杨晓琳."老干妈"品牌建设的思考［J］.中国新技术新产品，2009（06）：191—191.

［69］杨沁锟.老干妈为何稳胜"老干爹们"［J］.农产品市场周刊，2016（22）：46—47.

［70］杨凯.老干妈保卫战：创业难，守业更难［J］.企业观察家，2019（10）：32—35.

［71］俞富强.追求"极致体验"［J］.中国邮政，2017（02）：47—47.

［72］云衣.老土"老干妈"［N］.城市经济导报，2013-03-19.

［73］朱剑平，王春.亚星化学山东海龙陨落大股东"抽血"不断［N］.上海证券报，2012-09-25.

［74］朱荣章.创业者向"老干妈"学什么？［J］.智富时代，2018（07）：18—19.

［75］周科竞.上市公司圈钱不能太无耻［N］.北京商报，2011-05-20.

［76］张雪松."老干妈"维权启示录——"老干妈"风味豆豉不正当竞争案纪实［J］.技术开发与贸易机会，2001（10）：30.

［77］张平.老干妈拒绝上市让谁汗颜［N］.城市导报：14版，2014-04-15.

［78］张翔.中国家族企业业绩好于职业经理人公司［N］.南宁晚报，2013-09-24.

［79］张兴军.老干妈：不上市的底气与逻辑［J］.中国经济信息，2018（23）：72—73.

［80］张锐.陶华碧：风风火火的"老干妈"［J］.对外经贸实务，2015（09）：12—16.

［81］曾永艳.老干妈：波普一下，也很洋气！［J］.销售与市场，2018（23）：100—100.

［82］仉泽翔.老干妈露面否认上市传言［J］.财经天下，2018（22）：20—20.

后记

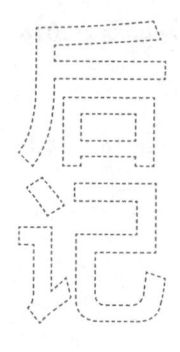

当我写下最后一行字时,天已经大亮。回顾写作本书的这一年时间里,我的思绪依然汹涌澎湃。我时常想起北宋儒学家张载的横渠四句——"为天地立心,为生民立命,为往圣继绝学,为万世开太平。"

虽然我没有张载那么宏大的理想和抱负,却与之有着共同的愿望,为中国企业打造成为百年老店出一份力,这就是我至于研究和写作中国企业的原动力。

之所以选择老干妈这个具有典型意义的标杆企业,是因为陶华碧的经营策略与当下浮躁的资本运作、盲目多元化、鼓吹进军房地产、想方设法地偷工减料来降低成本……相比,有天壤之别。

试想一下,一个仅仅认识自己名字的企业家,能够把产品做到极致,并创造一个行业标准,这不得不令人信服。从20世纪90年代以来,多少企业家因为炒作概念,热衷广告,即使在今天,很多企业家同样在鼓吹互联网营销,忽视产品品质。不管拥有何种思维,产品才是连接厂家和消费者的桥梁,一旦产品出现问题,桥上的消费者甚至会反目成仇,与厂家决一死战。

在本书中,我着力地介绍陶华碧的经营策略,希望中国企业家能够真正理解陶华碧的做法,特别是那些看起来没有多少花样的管理经验。这些管理经验是当下百年老店依然存活的动力，比如，同仁堂的古训——"炮制虽繁必不敢省人工，品味虽贵必不敢减物力。"而用陶华碧的话说就是"金杯银杯抵不过消费者的口碑，我从来没有打过广告，靠消费者的口碑一个传一个，有华人的地方就有我们的产品。人算不如天算，做事、做人，都要凭自己的良心，我对得起自己的良心。"尽管表达不同，却意思相近。

在本书中，我浓墨地介绍陶华碧的品牌维护，哪怕是打官司也要维护老干妈品牌，每年支出3000万元打假……期望给中国4500万家企业的企业老板、高管、商学院标杆企业研究提供一个可以借鉴的范本，同时也为培训师，有志于了解陶华碧和老干妈的粉丝提供一个了解真实老干妈，接近老干妈的介质和途径。

这里，感谢"财富商学院书系"的优秀人员，他们也参与了本书的前期策划、市场论证、资料收集、书稿校对、文字修改、图表制作。

在这里，感谢周梅梅、吴旭芳，感谢她们在百忙中参与本书的撰写和修订。

此外，以下人员对本书的完成亦有贡献，在此一并感谢：周梅梅、吴旭芳、吴江龙、简再飞、周芝琴、吴抄男、赵丽蓉、周斌、周凤琴、周玲玲、周天刚、丁启维、汪洋、蒋建平、霍红建、赵立军、兰世辉、徐世明、周云成、丁应桥、金易、何庆、李嘉燕、陈德生、丁芸芸、徐思、李艾丽、李言、黄坤山、李文强、陈放、赵晓棠、熊娜、苟斌、佘玮、欧阳春梅、文淑霞、占小红、史霞、杨丹萍、沈娟、刘炳全、吴雨来、王建、庞志东、姚信誉、周晶晶、蔡跃、姜玲玲，等等。

在撰写本书过程中，笔者参阅了相关资料，包括电视、图书、网络、视频、报纸、杂志等资料，所参考的文献，凡属专门引述的，我们尽可能地注明了出处，其他情况则在书后附注的"参考文献"中列出，并在此向有关文献的作者表示衷心的谢意！如有疏漏之处还望原谅。

本书在出版过程中得到了许多教授、管理专家、上百位智库研究者、业内人士以及出版社的编辑等的大力支持和热心帮助，在此表示衷心的谢意。

由于时间仓促，书中纰漏难免，欢迎读者批评斧正（E-mail：zhouyusi@sina.com）。

"财富书坊"同时也欢迎相关课题研究和出版社约稿、讲课和其他战略合作。

此外，作者正在总裁班讲授"华为国际化如何突破美国陷阱""传统企业到底该如何转型"等课程，欢迎培训机构、商学院约课。但凡购买《周鸿祎与360产品战略》1000册的企业，作者亲赴企业讲授相关课程一天，免收授课费，差旅费需企业支付。（联系方式：E-mail：189188871@qq.com；微信号：xibingzhou；荔枝讲课：周锡冰讲台；公众号：caifushufang001。注：疫情期间，线下授课改为在线授课，不收取企业任何差旅费）

周锡冰

2022年2月10日于财富书坊